PROCÈS LAFARGE

D'APRÈS

LA LÉGISLATION PRUSSIENNE.

IMPRIMÉ CHEZ PAUL RENOUARD,

RUE GARANCIÈRE, N° 5.

LE
PROCÈS LAFARGE

EXAMINÉ D'APRÈS LA
LÉGISLATION CRIMINELLE DE PRUSSE.

PAR

J. D. H. TEMME et G. A. NOERNER,

CONSEILLERS A LA COUR CRIMINELLE A BERLIN.

TRADUIT DE L'ALLEMAND SUR LA 2e ÉDITION.

Berlin.
ALEXANDRE DUNCKER,
LIBRAIRE.

Paris.
JULES RENOUARD ET Cie,
LIBRAIRES, RUE DE TOURNON, 6.

1841.

PROCÈS LAFARGE

D'APRÈS LA

LÉGISLATION CRIMINELLE DE PRUSSE.

PAR

L. D. M. VERDIER & G. A. WOLZOGEN,

CONSEILLERS À LA COUR CRIMINELLE À BERLIN.

TRADUIT DE L'ALLEMAND SUR LA 3e ÉDITION.

<table>
<tr><td align="center">Berlin.
ALEXANDER DUNCKER,
LIBRAIRE.</td><td align="center">Paris.
JULES RENOUARD ET Cie,
LIBRAIRES, RUE DE TOURNON, 6.</td></tr>
</table>

1841.

Le procès Lafarge, désormais placé au rang des causes les plus célèbres, devait, à ce titre, appeler l'attention des légistes étrangers. Deux savans jurisconsultes prussiens, M. Temme, ancien président au tribunal inquisitorial, conseiller à la Cour criminelle à Berlin, auteur d'ouvrages très estimés sur le droit criminel, et M. Noerner, conseiller à la même Cour et au tribunal de la ville, l'ont pris pour texte de comparaison entre les législations criminelles de France et de Prusse.

La narration complète du procès, la manière nouvelle dont les faits sont présentés et groupés, et les résultats différens auxquels conduisent les deux législations, donnent un grand intérêt à cette publication.

C'est uniquement comme étude de droit comparé que les éditeurs français ont consenti à répondre au désir des éditeurs prussiens, et à reproduire ici le travail de MM. Temme et Noerner, malgré les erreurs sur les faits et sur les personnes dans lesquelles l'éloignement a pu entraîner les savans magistrats de la cour criminelle de Berlin.

PRÉFACE DES AUTEURS.

Dans les premières pages de cet écrit nous faisons connaître ce qui a donné lieu à sa composition et le but que nous nous sommes proposé. Nous n'ajouterons que quelques mots.

Le pourvoi en cassation de l'accusée vient d'être rejeté. Il paraîtrait d'après cela que ce petit ouvrage arrive trop tard. Mais nous ne pensons pas qu'il en soit ainsi. C'est au contraire à présent le moment plus que jamais, pour que l'opinion publique se fasse entendre; c'est à présent le moment d'examiner avec calme ce qu'il faut penser de ce verdict, rendu au milieu des nuages et de l'influence de ce drame terrible et si plein de péripéties. Cette recherche nous semble utile sous un double point de vue. D'abord sous des rapports généraux : l'examen de certaines affaires remarquables offre le moyen d'apprécier la valeur de l'institution même du jury. Puis dans un intérêt particulier : si l'opinion publique décide que Marie Lafarge, d'après les théories positives et raisonnables en matière de preuves, n'aurait pas dû être déclarée coupable, l'accusée, la condamnée, n'est plus dès-lors une criminelle; elle n'est plus qu'une infortunée à qui, dans sa prison triste et solitaire, le monde accorde cette compassion qui est le plus grand bienfait pour l'innocent, après le témoignage de sa conscience.

Les auteurs de cet écrit n'ont jamais pu se convaincre de la culpabilité de l'accusée. Ils ont cru d'après cela qu'il était de leur devoir de faire connaître exactement leur façon de penser et d'en publier les motifs. Ils y étaient poussés par les deux raisons indiquées ci-dessus, mais surtout par la première. Nous ne sommes point ennemis de la publicité des débats judiciaires ; nous la regardons au contraire comme la meilleure garantie d'une bonne justice et particulièrement indispensable dans la procédure criminelle. Mais nous ne sommes point partisans de l'institution du *jury français:* La France peut la conserver, si elle le veut, en dépit même de causes pareilles à celle-ci. Nous ne désirons point le jury pour notre patrie allemande, prussienne; loin de là, nous le repoussons. Nous serons heureux si, dans cet écrit, sans avoir dit un seul mot contre le jury lui-même, nous avons, par le seul exposé impartial des faits, fourni une preuve de plus du danger de cette institution.

Nous avions d'abord l'intention de faire voir, par comparaison, comment l'instruction se serait faite d'après la législation prussienne, et comment les diverses phases s'en seraient développées. Mais pour ne pas rendre ce petit ouvrage trop volumineux, nous avons dû nous borner à exposer comment, pour arriver à la connaissance du fait en lui-même, la procédure criminelle prussienne aurait agi, et combien les règles qu'elle suit sont plus raisonnables. Nous devons d'autant plus regretter de n'avoir pas poussé notre comparaison plus loin, que l'illustre vétéran de la procédure criminelle de Prusse, M. le directeur criminel Hitzig, exprimait, dans la *Gazette d'État* d'hier, l'espoir que tel serait notre projet.

Nous n'avons pas pu nous servir de la dissertation que le professeur Luden, de Iéna, a publiée dans les *Mélanges de Braw*. Nous n'en avons eu connaissance que quand notre travail était achevé. Si d'une part cette circonstance est pour nous un sujet de regret, puisque nous aurions pu tirer plus d'un argument de cet écrit si bien fait et si spirituel; d'une autre part, il nous est bien agréable de voir que notre travail nous a conduits, à-peu-près par les mêmes voies, au même résultat que M. Luden.

Berlin, ce 20 décembre 1840.

LES AUTEURS.

EXAMEN

DU PROCÈS LAFARGE.

Le 13 septembre 1840, Marie Cappelle, veuve Lafarge, fut déclarée, par le verdict des jurés de Tulle,
coupable d'avoir empoisonné son mari; il fut déclaré en
même temps qu'il existait des circonstances atténuantes
en faveur de l'accusée. En conséquence de ce verdict, la
cour d'assises de Tulle condamna madame Lafarge aux
travaux forcés à perpétuité et à l'exposition sur la place
publique de Tulle. L'accusée s'est pourvue en cassation
contre l'arrêt du jury. Ce pourvoi n'est point encore
jugé (1).

La question suivante nous a été soumise :

*Comment un tribunal prussien aurait-il jugé, d'après
les lois prussiennes, sur les circonstances développées
aux assises ?*

Cette question ne peut ni ne doit toucher à la décision
matérielle, c'est-à-dire à l'arrêt de condamnation de la
cour d'assises; mais seulement au verdict des jurés. Elle

(1) Il a depuis été rejeté par arrêt du 12 décembre.

se rapporte donc exclusivement aux preuves, et se résout dans les deux questions suivantes, savoir, d'abord:

Le fait en lui-même du crime de l'accusée est-il incontestable?

C'est-à-dire, le crime dont on parle a-t-il réellement été commis? Lafarge a-t-il vraiment été empoisonné et est-il mort des suites du poison qu'il a pris?

Secondement: La participation de l'accusée à ce crime est-elle prouvée? ou, en d'autres mots, est-il prouvé qu'elle ait réellement empoisonné son mari?

La réponse à ces questions, d'après les règles du droit prussien, est soumise à de grandes difficultés. Nous en reconnaissons toute l'étendue. Elles découlent de la manière totalement différente d'instruire les procès, d'après les lois françaises ou prussiennes. En France, des jurés tirés du peuple décident de la culpabilité ou de l'innocence de l'accusé; ils décident, sans être astreints à aucune règle pour la nature des preuves, librement, d'après leur conviction, d'après leur conscience.

Toute connaissance humaine est trompeuse, et la plus incertaine de toutes est la connaissance de la vérité historique. Nul ne peut prendre sur lui de dire avec certitude, qu'un fait dont il n'a pas été témoin oculaire, soit réellement arrivé; ce n'est que par des motifs, que l'on appelle motifs intellectuels, qu'il peut conclure qu'une chose est arrivée ou n'est pas arrivée. Sa conclusion est en définitive seulement celle-ci: que la chose qui, d'après une expérience souvent trompeuse, est arrivée dans quatre-vingt-dix-neuf cas, doit aussi, en pareille circonstance, être regardée comme étant arrivée encore dans le centième cas. Il est presque inutile de remarquer combien cette conclusion est elle-même trompeuse.

En conséquence, les lois ont adopté deux moyens différens pour parvenir à s'approcher autant que possible de la vérité historique et à la remplacer par quelque chose qui lui ressemblât. Il est hors de doute que cela devenait indispensable, du moment où il s'agissait de maintenir la justice et l'équité. L'un de ces systèmes crée des juges, des hommes versés dans la science du droit, qui, lorsqu'il est question de chercher des preuves, prononcent, d'après des règles fixes que la loi elle-même a posées ; qui prononcent, disons-nous, la conviction et l'arrêt qui décident qu'un fait est arrivé ou ne l'est pas.

Dans ce cas, c'est la loi qui prend immédiatement sur elle-même la garantie de la vérité. Le juge ne fait que prononcer la conviction de la loi, c'est-à-dire une conviction étrangère ; sa propre conviction n'entre point en considération. Il faut donc que la preuve soit formellement apportée et fixée. Le second système dit, au contraire, que c'est au peuple lui-même à décider de la culpabilité ou de l'innocence, et que, pour y parvenir, il doit, autant que possible, se rendre lui-même témoin du fait. A cet effet, on choisit des personnes qui représentent le peuple. L'action tout entière doit se reproduire devant eux par la communication immédiate des personnes intéressées et des pièces de conviction, afin que, de cette manière, ils deviennent eux-mêmes les témoins de l'action, et puissent dire, par une certitude personnelle,

I.

que telle chose est arrivée ou n'est pas arrivée. Ces jurés rendent leur témoignage d'après leur propre conviction. Chez eux, il n'est pas plus question de conviction légale, que de celle du juge dans le premier système. Par la même raison, il ne saurait non plus être question soit d'une série de preuves formelles, soit d'aucune règle fixe sur laquelle les preuves doivent s'appuyer. Il ne s'agit que de la conviction intime, de la conscience des jurés. Ceux-ci, par la publicité des débats, demeurent toujours inséparablement unis à la masse du peuple qu'ils représentent.

Le premier système est le système allemand, et particulièrement celui de la procédure prussienne; le second est le mode adopté en France, d'après lequel la culpabilité ou l'innocence est décidée par douze jurés choisis au sein du peuple.

Il suit de là qu'un juge prussien qui examine, d'après les lois prussiennes, une cause criminelle, plaidée devant des jurés français, ne peut jamais se placer sur le même terrain que les jurés.

Un juge prussien ne peut donc jamais obtenir une mesure positive qui lui serve de règle pour juger un arrêt d'un jury français. Il n'est donc pas question, et il est à peine nécessaire de remarquer ici que, dans les observations qu'on va lire, on n'a pu avoir pour but de justifier ou d'attaquer le verdict du jury de Tulle, en sa qualité d'arrêt de jurés. Ce que les jurés de Tulle ont prononcé entre eux et leur conscience, un tiers ne peut s'y immiscer par des motifs extérieurs. Mais cela n'empêche pas que, sous le rapport tant scientifique que politique, il ne puisse être intéressant de comparer et d'examiner comment le premier système, comment les lois d'autres nations non moins civilisées auraient décidé d'après les règles adoptées chez elles.

Mais, d'après ce que nous venons de dire, les mêmes difficultés s'élèvent aussi pour cet examen : ainsi, par exemple, bien que sous d'autres rapports l'instruction soit soumise à un grand nombre de formes, les preuves reproduites devant les jurés ne sont pas déduites et posées avec autant d'exactitude, de profondeur et de précision que devant les tribunaux allemands, et notamment devant ceux de la Prusse. En place de ce qui manque, à cet égard, dans la procédure devant les jurés, se trouve la présence immédiate des pièces de conviction, l'impression immédiate que forment sur l'esprit des jurés toutes les personnes intéressées, tous les moyens d'attaque et de défense. Cette présence immédiate est un élément essentiel de la procédure française; le juge prussien qui examine un procès français n'en ayant pas joui, se voit privé par là d'une garantie essentielle de la justesse de son jugement; en outre, les débats devant le jury ne sont pas transmis d'une manière officielle; ils ne sont mis sur le papier que par des particuliers, et rien ne garantit que ces personnes les aient transmis précisément tels qu'ils ont eu lieu; que les dépositions des témoins n'aient pas éprouvé d'altérations : c'est là encore un motif pour que le jugement d'un tiers ne repose pas sur une base bien solide.

Toutefois, à la difficulté élevée au sujet de la contemplation immédiate des jurés, on peut répondre premièrement que la législation prussienne, sur l'instruction criminelle et sur l'effet des preuves à alléguer, se
fonde sur la fausseté des impressions que peuvent
faire naître l'apparence et le maintien des personnes
intéressées, ainsi que de celles qui servent de témoins; que
cette législation, disons-nous, interdit même la présence
immédiate à l'instruction, du juge qui doit prononcer,
ou du moins n'accorde jamais au juge le droit de permettre aux impressions qu'il y a reçues d'exercer une
influence quelconque sur son jugement. Sous ce rapport
du moins, vu la perfection des débats que nous avons
sous les yeux, nous ne trouvons rien qui puisse nous
empêcher de fonder sur eux un jugement conforme
aux lois prussiennes. Secondement, en ce qui regarde
particulièrement le procès Lafarge, si son instruction
préalable présente souvent une légèreté, une méthode
superficielle, une imperfection sans exemple peut-être
dans les annales de la justice prussienne, du moins devant les jurés, ce procès a été dirigé, à un petit nombre d'exceptions près, avec beaucoup de prudence et de
solidité.

Toutes les personnes qui, à Tulle, ont concouru à le
diriger, ont été convaincues que, pour arriver à connaître la vérité, il était nécessaire d'éclaircir toutes
les circonstances, de développer exactement jusqu'aux
moindres détails; elles sentaient que si, après cela, il
restait encore quelque incertitude dans leur esprit, alors

seulement elles pouvaient prendre en considération l'apparence et le maintien des personnes qui se présentaient devant elles, afin d'éclaircir leurs doutes. Nous reviendrons plus tard sur le point de la contemplation immédiate, et peut-être reconnaîtrons-nous alors que, dans le cas actuel, la vue de l'accusée et celle des principaux témoins n'a pu avoir aucune influence sur l'arrêt du jury.

Quant à la seconde difficulté que nous avons exprimée plus haut, nous croyons pouvoir alléguer en réponse ce qui suit. Il est vrai que nous ne possédons point de relations officielles des débats; mais, d'un autre côté, nous pouvons certainement admettre que les relations que nous possédons ont la même authenticité que les débats qui ont réellement eu lieu et sur lesquels le jury a fondé son arrêt. En effet, on ne saurait croire que les personnes qui ont transcrit ces débats, aient voulu trahir sciemment la vérité; le contrôle de la publicité et de la concurrence le leur rendait impossible; d'après cela, l'inexactitude, chez elles, ne peut être que le résultat d'une erreur. Or, les jurés étaient eux-mêmes exposés à se tromper de la même manière ou d'une manière semblable, car ce sont des hommes faibles aussi bien que les journalistes. On peut même croire que ces derniers, accoutumés à saisir avec rapidité et exactitude les discussions les plus compliquées, ont dû être moins sujets à l'erreur que les jurés; mais, à dire vrai, une erreur n'est probable que dans un fort petit nombre de circonstances secondaires. Nous avons en effet comparé ensemble une foule de rédactions différentes et indépendantes les unes des autres; et, comme nous y avons rencontré presque partout une parfaite conformité dans tous les points essentiels, il faut nécessairement que nous trouvions, dans cette conformité, une garantie de certitude aussi forte qu'il est possible de l'avoir dans les affaires humaines.

C'est ici le moment de faire connaître les matériaux qui nous ont servi dans notre travail; ce sont principalement :

La *Gazette des Tribunaux*, le *Journal des Débats*, le *Constitutionnel* et la brochure intitulée : *Procès de madame Lafarge; relation complète; deuxième édition. Pagnerre, éditeur, Paris,* 1840.

Nous ne prétendons pas dire pourtant que nous soyons placés dans une situation extrêmement favorable à la solution de notre problème : loin de là, nous avons, ainsi qu'il a déjà été dit, des difficultés de plus d'un genre à combattre. Toutefois, nous croyons pouvoir admettre que, d'après les connaissances ainsi acquises, nous nous trouvons, sinon tout-à-fait, du moins à peu de chose près, dans la situation où doit être un juge prussien à qui l'on demande son avis sur une procédure faite d'après la méthode française. Cela doit suffire, surtout pour la question que nous nous sommes proposée et qui ne touche qu'à des intérêts généraux, sans application personnelle, et quand on songe que dans des cas semblables des avis décisifs sont souvent demandés aux tribunaux prussiens. En parlant ainsi, nous ne prétendons pas faire une allusion particulière au procès de Fonk, mais nous voulons rappeler que la chambre de justice de Berlin est souvent obligée de donner des avis sur des procédures instruites dans la principauté de Neufchâtel.

Venons maintenant au fait. Nous l'exposerons avec simplicité, en supprimant toutes les phrases qui ne parlent qu'au cœur et à l'imagination, sans apporter aucun secours à la froide et calme raison. Nous regardons comme un grand défaut dans la pratique des tribunaux français, qu'il s'y passe tant de choses qui n'ont d'autre but que d'exciter la sympathie, et que dans une affaire, où il ne devrait être question que de faire juger la raison conformément à la vérité, on s'efforce de séduire le jugement au lieu de l'éclairer. Il me semble surtout que les gens du roi, qui montrent par malheur trop souvent de la passion, devraient dédaigner de se servir de cet indigne moyen et de ces artifices, pour placer les affaires sous un mauvais jour, et pour donner un exemple funeste au public. Nous ne suivrons point celui qu'ils nous offrent. Nous exposerons, au contraire, les faits avec calme et simplicité, et nous nous efforcerons, avec le même calme, de peser la foi qui leur est due et l'influence qu'ils doivent avoir sur la question de la culpabilité ou de l'innocence de l'accusée. Nous examinerons ce point d'après les exigences de la législation prussienne en matière de preuve; mais nous espérons par là donner à nos lecteurs la conviction que cette législation, écartant de vaines formes qui trop souvent obscurcissent la vérité, dans les règles qu'elle prescrit pour l'instruction, et la force des preuves, suit en tout les principes de la raison et de l'expérience; d'après elle tout juge qui ne se sent pas convaincu de la culpabilité d'un accusé, par ces mêmes règles de la raison et de l'expérience, ne peut en aucun cas prononcer sa condamnation. Il est possible que dans l'espèce, nous reconnaissions que cet examen, ce développement calme et réfléchi des divers faits, dans le but d'approcher autant qu'on peut le désirer de la vérité, n'a point servi de base au verdict des jurés de Tulle. Quant aux influences qui ont pu agir sur eux, c'est ce qu'il nous est impossible de découvrir à la distance où nous sommes placés.

———

Au Glandier, ancien couvent de Chartreux, situé dans la commune de Beyssac, département de la Corrèze, vivait Charles Pouch-Lafarge. Il y exploitait des forges. Il y demeurait avec sa mère, qui était veuve, avec sa sœur, madame Buffières, et avec le mari de cette dernière. Le domaine du Glandier, dont faisaient partie plusieurs domaines environnans, lui appartenait. Cette propriété était assez considérable. Lafarge était depuis quelque temps veuf et n'avait point d'enfans. Il n'avait que 28 ans. Il éprouvait le désir de se remarier; mais il voulait en même temps recevoir avec sa nouvelle femme une dot assez considérable, pour lui permettre de donner plus d'extension et plus d'importance à ses fabriques. Ce projet le conduisit à Paris au mois d'août

1839. Il paraît qu'après y avoir fait plusieurs tentatives qui n'eurent pas de succès, il se mit en relation avec un certain de Foy, qui tenait une espèce d'agence de mariages. Ce fut par lui qu'il fit la connaissance de Marie Cappelle.

Marie Cappelle était fille d'un colonel d'artillerie, officier distingué de l'armée de Napoléon. Elle était orpheline. Elle demeurait à Paris avec la famille de Garat dont elle était parente. Elle avait vingt-trois ans, possédait une fortune disponible de 80,000 francs ; belle et spirituelle, elle avait reçu une éducation distinguée et avait toujours vécu dans la haute société.

Lafarge paraît avoir trouvé en elle ce qu'il cherchait, et paraît aussi ne lui avoir pas absolument déplu, car le 12 août, huit jours à peine après leur première entrevue, leur mariage fut célébré. La même nuit les jeunes époux partirent pour le Glandier, accompagnés d'une femme de chambre, Clémentine Servat. Ils y arrivèrent le 15 août.

Charles Lafarge ne respirait qu'amour et tendresse pour sa jeune femme. Elle aussi parut contente et heureuse en arrivant au Glandier. Elle fut reçue avec amitié et avec des prévenances affectueuses par la mère et la sœur de son mari. Aussi l'événement dont nous allons rendre compte et qui eut lieu le soir même de son arrivée dut paraître doublement extraordinaire et mystérieux. Après les premiers complimens, madame Lafarge s'était retirée dans sa chambre et s'y était enfermée.

Au bout de plusieurs heures, elle en ressortit avec la même tranquillité et la même gaîté qu'elle avait montrées jusqu'alors et prit place au repas de famille. Mais quand, à l'issue de ce repas, elle fut retournée dans son appartement, elle envoya, par sa femme de chambre, à son mari, une lettre du contenu le plus singulier. Elle lui déclarait, dans cette lettre, qu'elle ne l'aimait pas, qu'elle en aimait un autre, avec qui elle avait été élevée depuis son enfance; qu'il fallait absolument qu'elle le quittât, qu'elle voulait aller à Smyrne, qu'elle se tuerait s'il ne la laissait partir, qu'elle avait déjà pris du poison, mais en trop petite quantité, qu'elle portait sur elle un pistolet, au moyen duquel elle voulait mettre fin à son existence. Elle déclarait en même temps qu'elle ne l'avait épousé que par dépit, parce que son amant avait donné son cœur à une autre femme; qu'elle ne savait pas auparavant ce que c'était que le mariage, qu'elle avait pensé n'être pour lui qu'une sœur; que son amant était alors dans son voisinage et qu'elle deviendrait adultère malgré elle, s'il ne consentait pas à son départ pour Smyrne.

Elle avait écrit cette lettre immédiatement après son arrivée, et dans le temps où elle était renfermée dans sa chambre. Lafarge fut anéanti en la lisant; sa mère et sa sœur ne le furent pas moins que lui. On ne pouvait, en aucune façon, expliquer les sentimens et les projets qu'y développait une jeune femme qui, peu de jours auparavant, avait conclu ce mariage de son plein gré, et sans aucune contrainte; qui avait témoigné, peu d'instans avant de l'écrire, une gaîté et un calme parfaits, sans la moindre trace d'émotion ou de mécontentement intérieur, et bien moins encore du désespoir qu'exprimait chaque parole de cet écrit. On crut qu'en effet la jeune femme aimait un autre, détestait son mari, et voulait à tout prix se séparer de lui; on ne sut quel parti prendre.

Dans cette position, on envoya chez plusieurs amis et notamment chez un ancien confident de la famille, l'avocat de Chauveron, à Voutezac. Il arriva sur-le-champ, et, comme les autres, il ne put, dans le premier moment, s'expliquer cette lettre. Cependant, après l'avoir relue plusieurs fois, son contenu lui parut moins désespérant. Il crut avoir saisi le véritable point de vue sous lequel il fallait l'envisager, en considérant madame Lafarge comme une jeune femme accoutumée à la vie luxueuse de Paris, qui avait été remplie d'effroi à l'aspect du Glandier, château solitaire et délabré; il jugea qu'elle s'y était crue perdue et enterrée, qu'elle avait voulu s'arracher à tout prix d'un séjour qui lui semblait effroyable, et que, pour y parvenir, elle n'avait pas cru pouvoir mieux faire que de s'efforcer, en feignant de l'amour pour un autre homme et de l'aversion pour son mari, d'irriter celui-ci contre elle, et de l'engager à consentir à rompre de lui-même, les nœuds à peine formés de leur hymen.

En conséquence, il conseilla à Lafarge de ramener peu-à-peu sa femme dans la bonne voie, par une conduite tranquille et amicale envers elle, et de chercher à gagner son amour en apaisant son imagination exaltée.

Lafarge suivit ce conseil : il dit à sa femme de rester un mois au Glandier, que, pendant ce temps, il emploierait tout son amour et tous ses soins à lui rendre son séjour agréable; et que, si après cela elle persistait dans son désir de partir, il la reconduirait lui-même à sa famille. Elle lui répondit, d'un ton animé, qu'il fallait absolument que la séparation se fît; mais dès le lendemain son désespoir et même son émotion s'étaient calmés. Elle était devenue tranquille et même gaie; et ne dit plus un mot de séparation ni de départ. Elle devenait de jour en jour plus amicale pour son mari, et aussi, plus aimée de lui et de toute la famille. Elle formait sans cesse de nouveaux plans de changemens et d'embellissemens pour le Glandier.

Cette bonne intelligence ne fut pas même troublée par une circonstance désagréable qui se présenta quelques jours après la lettre, c'est-à-dire le 24 août. Lafarge était allé avec sa femme à la fête d'une petite ville des environs nommée Uzerches. Ils y passèrent la nuit. Lafarge voulut entrer chez sa femme qui couchait dans une autre chambre que lui. Ne pouvant y parvenir, il voulut ouvrir la porte de force, et n'ayant pas réussi dans ses efforts, il eut une violente attaque de nerfs, qui paraît avoir été de nature épileptique.

En attendant, comme nous l'avons dit, cet événement n'eut pas d'autres suites. Madame Lafarge ajouta même plus tard que son mari lui avait demandé pardon, et s'était excusé en disant qu'il avait bu trop de vin de Champagne; et quoique cette circonstance n'ait pas été prouvée, il est du moins certain que la bonne intelligence et l'amour des deux époux ne souffrit pas le moins du monde de la scène d'Uzerches.

La confiance qui régnait entre eux, devint, au contraire, si intime, qu'au mois d'octobre, Lafarge fit part à sa femme de la découverte qu'il avait faite de divers procédés importans qui devaient améliorer ses forges et augmenter ses revenus et sa fortune, ajoutant qu'il avait l'intention de se rendre à Paris pour solliciter un brevet d'invention.

Au bout de quelque temps, et dans le cours du même mois d'octobre, madame Lafarge tomba malade. Elle éprouvait de fréquentes convulsions; son mari en prit occasion de redoubler pour elle de tendresse et de soins. En retour, madame Lafarge voulant prouver à son mari combien elle en était touchée et reconnaissante, fit un testament en sa faveur. Cette démarche eut pour résultat que Lafarge fit, de son côté, un testament par lequel il disposait de tout ce qu'il possédait en faveur de sa femme. Ceci eut lieu le 28 octobre 1839.

Peu de temps après, savoir le 20 novembre, Lafarge partit pour Paris, afin de solliciter le brevet d'invention dont il avait besoin, et en même temps emprunter des capitaux, tant pour donner de l'extension à ses forges, que pour utiliser ses découvertes. Les deux époux échangèrent les lettres les plus tendres. Lafarge écrivait presque tous les jours à sa femme dans les termes les plus passionnés. Madame Lafarge exprimait aussi à son mari la douleur qu'elle ressentait de leur séparation. Dans les lettres des époux, il était aussi généralement question du but du voyage, et madame Lafarge, dans les siennes, donnait des instructions à son mari sur la manière dont il devait s'y prendre pour obtenir son brevet, sur les démarches qu'il devait faire, et elle ne cessait de l'exhorter à ne rien négliger pour y parvenir et pour hâter sa réussite. Vers le milieu du mois de décembre, Lafarge écrivit à sa femme qu'il était arrivé au but de ses désirs.

Peu de temps après, une circonstance extraordinaire eut lieu. Madame Lafarge, ainsi qu'ils en étaient convenus d'avance, voulut envoyer son portrait à son mari à Paris. A cet effet, elle s'était fait peindre par une artiste, mademoiselle Brun, qu'elle avait fait venir au Glandier. Ce fut le 14 décembre que le portrait fut expédié du Glandier. La veille, c'est-à-dire, le 13 décembre, madame Lafarge dit à sa belle-mère qu'avec le portrait elle désirait envoyer à son mari quelques-uns de ces petits gâteaux que l'on appelle *choux*, que l'on aimait beaucoup au Glandier et que la vieille dame Lafarge avait coutume de préparer. Ils furent en effet cuits au four de la cuisine, puis portés dans la chambre de la jeune femme, pour y être emballés. Là elle les mit dans une caisse où elle plaça aussi son portrait, une montre, des souliers, de la musique, des marrons, et quelques autres objets encore. Elle affirme y avoir ajouté trois ou quatre de ces petits choux. A tout cela elle joignit une lettre, dans laquelle elle annonçait à son mari l'envoi de ces objets, et l'engageait à manger un gâteau le 18 décembre à minuit, avec sa sœur, madame de Violaine, qui demeurait à Paris, disant que le même jour et à la même heure elle en mangerait un semblable au Glandier, afin de s'unir ainsi en pensée avec lui. Elle avait en même temps prié sa belle-mère d'ajouter à la lettre quelques lignes de son écriture, pour dire à son fils que les gâteaux avaient été faits par elle, sa mère. Ce petit billet, que la vieille dame écrivit en effet, fut inséré dans la lettre. La caisse fut bien fermée et portée par un domestique à la petite ville voisine d'Uzerches, pour y être mise à la diligence. Ceci se passait le 14 au soir. Dans la nuit du 15 au 16, la caisse partit par la diligence de Toulouse à Paris, passant par Uzerches.

Voici ce qui en advint à Paris : la caisse y arriva le 18 décembre. Lafarge alla lui-même la prendre aux messageries, et la porta à l'hôtel où il logeait : *l'hôtel de l'Univers*. La soirée était avancée quand il rentra. Il remit la caisse à un garçon, nommé Parant. Celui-ci l'ouvrit en sa présence et en retira, pièce par pièce, tous les objets qu'elle contenait. C'étaient en effet ceux que nous avons énumérés plus haut; seulement en place de plusieurs petits gâteaux ou choux, il s'y trouva renfermé dans une boîte, un seul gâteau de plus grande dimension; il était rond, de six à sept pouces de circonférence et de deux à trois pouces d'épaisseur; il avait la largeur d'une petite assiette et était de couleur jaune clair. La croûte en était dure près des bords et molle dans les autres parties; un papier l'enveloppait dans la boîte. Le garçon tira le gâteau de la boîte. Lafarge rompit aussitôt un morceau de la croûte, qu'il mangea en disant : « C'est ma femme qui m'envoie cela ! »

Dans la nuit, Lafarge fut pris de violentes douleurs d'entrailles et de vomissemens. Ils se prolongèrent pendant toute la nuit et tout le jour suivant; il paraît même qu'à compter de ce moment, Lafarge ne recouvra plus la santé.

Pour ajouter à ce que cet événement avait d'extraordinaire, il arriva que le 12 décembre, c'est-à-dire précisément deux jours avant l'envoi des gâteaux, madame Lafarge avait fait prendre de l'arsenic dans la pharmacie de l'apothicaire Eyssartier à Uzerches, sous prétexte d'en préparer de la mort aux rats pour faire mourir ces animaux qui infestaient le Glandier, et qui lui avaient rongé une amazone neuve. Mais en outre, il faut remarquer qu'au moment même où Lafarge était ainsi tombé malade à Paris, madame Lafarge témoignait au Glandier une très vive inquiétude. Elle courait au-devant du facteur de la poste; elle disait qu'elle attendait une lettre cachetée de noir, et parlait de sombres pressentimens. On dit même qu'elle demanda combien de temps il était d'usage dans le pays que les veuves portassent le deuil, en ajoutant qu'elle ne se conformerait pas à cet usage, parce qu'à Paris le deuil était plus court. Lafarge lui avait annoncé son indisposition, mais il la lui avait dépeinte seulement comme une forte

migraine. En recevant la lettre, elle dit qu'il fallait cacher cette nouvelle à sa belle-mère ; et que si son mari
devenait plus malade, elle saisirait quelque prétexte
pour aller à Paris le soigner.

Cependant Lafarge s'était un peu remis de sa maladie, et comme vers le même temps, il avait obtenu son
brevet d'invention, il repartit pour le Glandier où il
arriva le 3 janvier 1840. Sa femme le reçut avec la
plus grande tendresse. A son arrivée, elle était au lit,
mais elle se leva sur-le-champ, pour aller au-devant
de lui. Lafarge souffrait pourtant toujours, et bientôt
après son arrivée, il fut forcé de se coucher. Sa femme
s'assit à côté de son lit. Le soir on lui apporta dans sa
chambre le reste d'un poulet truffé. Quand Lafarge
le vit, il voulut en manger. Elle lui donna quelques
truffes. Mais à peine les eut-il prises qu'il fut saisi
de violentes douleurs d'entrailles et de vomissemens
qui, à compter de ce moment, ne cessèrent plus. Son
état était semblable à celui où il s'était trouvé à Paris,
après avoir mangé du gâteau.

La nuit suivante, on appela le docteur Bardou, de
Saillant, qui était le médecin de la famille du Glandier.
Il crut n'avoir à faire qu'à une indigestion ordinaire,
et il ordonna, pour arrêter les vomissemens, du carbonate de soude. On en envoya chercher à Uzerches.

Madame Lafarge s'était plainte, à cette occasion, au
docteur Bardou de la quantité de rats qu'il y avait au
Glandier, et l'avait prié d'écrire au-dessous de l'ordonnance qu'il avait faite pour son mari, qu'on lui

envoyât aussi un peu d'arsenic. Il fit ce qu'elle lui demandait, et l'arsenic arriva au Glandier avec la prescription.

Cependant la maladie de Lafarge devenait de jour en jour plus grave et plus dangereuse. Les vomissemens ce cessaient plus. Le malade éprouvait une chaleur brûlante dans le gosier; des douleurs atroces déchiraient ses entrailles; il souffrait des angoisses effroyables. Dans la nuit du 5 au 6 janvier, il vomit même des excrémens. Le docteur Bardou conclut de là que sa maladie était une colique de miséréré, et il demanda l'adjonction d'un second médecin. Le 10, arriva le docteur Massenat, de Brives. Celui-ci attribua la maladie à une très grande sensibilité de nerfs et surtout à des convulsions d'estomac. Il fut donc décidé qu'il fallait donner de l'occupation à l'estomac par des alimens. Le malade parut en effet s'en trouver mieux. En attendant madame Lafarge avait fait prendre de nouveau de l'arsenic contre les rats, le 10 ou le 11 janvier, par le commis Denis Barbier.

Tout-à-coup, le 11 janvier, diverses circonstances firent naître le terrible soupçon que Lafarge avait été empoisonné et que sa femme était l'empoisonneuse.

Ce jour-là, dans la matinée, pendant que madame Lafarge était encore au lit, elle avait demandé qu'on lui apportât un lait de poule. Sa belle-sœur, madame Buffières, l'apprêta. Elle le but. Madame Buffières avait demandé au malade s'il n'aurait pas envie d'en boire une partie. Il en témoigna le désir; mais madame Lafarge l'avait déjà pris tout entier. Lafarge demanda alors qu'on lui préparât un autre lait de poule. Madame Lafarge, quoiqu'elle ne fût pas encore levée, voulait l'apprêter elle-même; ce fut pourtant madame Buffières qui arrangea le breuvage et qui le porta dans la chambre de son frère. Dans l'intervalle, celui-ci s'était endormi. Le lait de poule fut en conséquence versé dans une tasse, et celle-ci, pour qu'il ne se refroidît pas, fut placée dans un bol d'eau chaude.

A peine cela fut-il fait, que la femme de chambre de madame Lafarge, Clémentine Servat, survint, et emporta le lait de poule de la chambre de Lafarge dans celle de sa femme. Là, elle le posa sur la table de nuit, qui était placée tout près du lit de madame Lafarge. Dans cette même chambre, couchait l'artiste qui avait fait le portrait de madame Lafarge, mademoiselle Brun. Celle-ci était encore au lit, et se préparait à se lever, quand elle vit madame Lafarge prendre une poudre blanche dans un papier, la répandre dans la tasse où se trouvait le lait de poule et le remuer avec le doigt. En ce moment s'ouvrit la porte qui donnait dans la chambre de son mari, et la vieille dame Lafarge entra. Madame Lafarge posa précipitamment la tasse sur la table de nuit. Mais aussitôt que la vieille dame se fut retirée, elle se remit à remuer de nouveau la poudre avec le doigt. Mademoiselle Brun lui demanda alors ce que c'était qu'elle avait répandu dans la tasse, elle répondit que c'était de la fleur d'orange. Celle-ci, peu satisfaite de cette réponse, réitéra sa question, mais cette fois madame Lafarge, feignant de ne l'avoir pas entendue, ne répondit rien.

Ce ne fut pas là tout ce que cette circonstance offrit de suspect. Lafarge, à qui l'on avait porté sur-le-champ le lait de poule, ne voulut plus le prendre. On le posa donc sur la cheminée. Là, mademoiselle Brun l'examina et découvrit sur la surface du breuvage une substance blanche et qui n'était pas dissoute. Elle fit part de cette observation à plusieurs des personnes présentes. On voulut d'après cela vérifier la chose, mais le médecin qui s'y trouvait aussi en ce moment, dit que cette substance blanche était peut-être un peu de blanc d'œuf ou de craie. Cette remarque tranquillisa les esprits. Toutefois madame Buffières remarqua plus tard, après qu'elle eut jetée la plus grande partie du breuvage dans la cheminée, qu'il restait au fond de la tasse une substance blanche, exactement de la même nature que celle que l'on avait observée sur la surface. Alors mademoiselle Brun raconta ce qu'elle avait vu le matin près du lit de madame Lafarge. A ce récit on commença à éprouver de la défiance et l'on crut devoir avertir Lafarge lui-même de ce qui était arrivé. Lafarge donna ordre de porter le reste du lait de poule au pharmacien Eyssartier, d'Uzerches. Eyssartier l'analysa et fit dire en réponse, que Lafarge ne devrait boire que de la main de personnes dont il était parfaitement sûr.

Les soupçons ainsi éveillés, s'augmentèrent le même jour, 11 janvier, par une seconde circonstance. On prépara pour Lafarge un autre breuvage qui se composait d'une petite quantité de vin trempé d'eau, avec du sucre et un peu de pain. Madame Lafarge était seule dans la chambre du malade avec mademoiselle Brun. Tout-à-coup mademoiselle Brun vit madame Lafarge prendre le verre, dans lequel le breuvage se trouvait, s'approcher d'une commode, qui était dans la chambre et ouvrir le tiroir du haut. Immédiatement après, mademoiselle Brun entendit un bruit semblable à celui que ferait une cuillère qui toucherait un vase placé dans le tiroir de la commode. Il lui parut aussi que madame Lafarge mêlait quelque chose avec le breuvage. Celle-ci se rendit ensuite auprès du lit du malade et lui donna à boire avec une cuillère de ce qu'il y avait dans le verre. Lafarge en but; mais au même instant, il s'écria : «Marie, que me donnes-tu là? cela me brûle!» Sur quoi madame Lafarge se tourna vers mademoiselle Brun, et lui dit: « Ce n'est pas étonnant; on lui donne du vin et il a une inflammation. » Cependant mademoiselle Brun s'était approchée de la commode sur laquelle elle remarqua des traces d'une poudre blanche, et dans le tiroir, elle vit un petit pot, contenant une poudre semblable.

A ces deux motifs de soupçons vinrent se joindre aussi les circonstances suivantes. Ce même jour, 11 janvier, mademoiselle Brun vit sur une table, dans la chambre du malade, un verre avec un peu d'eau, dans laquelle il y avait une poudre blanche. Elle demanda à madame Lafarge ce que c'était que cette poudre, et celle-ci répondit que c'était de la gomme : sur quoi

l'artiste lui ayant fait remarquer que la gomme se dis-
solvait, madame Lafarge, pour toute réponse, dit qu'elle
allait boire elle-même dans ce verre; elle le fit, mais
après avoir bu auparavant une grande quantité d'eau.
La nuit suivante, elle éprouva de violentes douleurs
d'entrailles et quelques vomissemens.

Dans un autre moment, madame Lafarge mère se
trouvait avec sa bru auprès du malade. Pendant que la
première s'occupait de son fils, elle vit la jeune femme
mêler une poudre blanche avec un breuvage destiné
au malade, et le moment d'après lui en offrir un peu
dans une cuillère, pendant qu'elle croyait que la mère
ne l'apercevait pas. Celle-ci lui demanda ce qu'elle avait
mis dans le breuvage, elle répondit que c'était de la
gomme; mais elle eut soin, en même temps, d'essuyer
la cuillère. Pourtant, avant que cela ne fût fait, la vieille
dame put remarquer qu'il s'y trouvait une substance
blanchâtre exactement semblable à celle qui avait été
remarquée dans le lait de poule.

Il fallut frictionner le malade avec de la flanelle, et
lui poser sur la poitrine, un morceau de flanelle enduit
d'extrait d'opium et d'huile d'olive. La vieille dame
Lafarge remarqua, dans une occasion, que cette flanelle
était couverte d'une substance qu'elle décrivit comme
étant un corps raboteux. Elle secoua la flanelle, et il
en tomba de nouveau une poudre blanche.

Sur ces entrefaites, on avait appris de l'apothicaire
Eyssartier que la substance blanche du lait de poule était
de l'arsenic. Le commis Denis avait dit en outre, à la

vieille dame Lafarge, que la jeune femme lui avait fait acheter en secret de l'arsenic. Afin de s'assurer complètement du fait, on chargea Denis de faire venir, le 13 janvier, le docteur Lespinasse, de Lubersac ; celui-ci arriva le même soir au Glandier. Il trouva le malade mourant et crut reconnaître, dans son état, les symptômes de l'empoisonnement par l'arsenic.

Il employa donc sur-le-champ l'oxide de fer comme contre-poison ; car Denis lui avait déjà fait part, à Lubersac, des soupçons d'empoisonnement, et il avait, en conséquence, apporté avec lui les remèdes nécessaires. Il le dit au malade lui-même, à qui sa mère l'avait déjà précédemment annoncé. Lafarge lui répondit par ces mots remarquables : « Quoi ! vous croyez ; faites des recherches, tâchez de découvrir ; je poursuivrai ! »

Bientôt après, comme le docteur Lespinasse se trouvait seul avec madame Lafarge auprès du malade, ce dernier, en sortant d'un évanouissement, demanda à boire : il appela pour cela, par son nom, sa sœur : Aména ! Sa femme s'empressa de lui apporter de l'eau ; il leva les yeux et l'aperçut : un sourire amer se peignit sur ses lèvres ; il exprima au médecin, par un mouvement expressif de la tête et du corps, l'affreux sentiment qui l'agitait : il prit toutefois l'eau et la but. A compter de ce moment, sa femme n'approcha plus de lui.

Le lendemain, 14 janvier, à six heures du matin, Lafarge expira.

Le bruit que Lafarge avait été empoisonné par sa

femme s'était promptement répandu dans le voisinage. Il arriva jusqu'aux oreilles du juge d'instruction et du procureur du roi près le tribunal de Brives. L'un et l'autre se rendirent le 15 janvier au Glandier, pour mieux établir le fait de l'empoisonnement et pour rassembler les preuves de la culpabilité.

Le 16 janvier, ces fonctionnaires, assistés de médecins, examinèrent et ouvrirent le corps de Lafarge. Le 19 janvier, l'estomac, avec le liquide qu'il contenait, ainsi que les matières vomies dans les derniers temps par le défunt, et quelques autres objets qui avaient été mis en réserve, furent chimiquement analysés, et les hommes de l'art déclarèrent, par suite de cette opération, que Lafarge était mort pour avoir pris de l'acide arsénieux.

Au nombre des objets examinés, il s'en trouvait plusieurs que madame Lafarge avait eus entre ses mains. Les experts y trouvèrent de l'arsenic. Les soupçons qui s'élevaient déjà contre madame Lafarge en furent augmentés, et peu de jours après elle fut arrêtée. L'instruction commença contre elle. Quand elle fut terminée, la chambre d'accusation de la cour royale de Limóges, par arrêt du 18 juillet 1840, renvoya Marie Cappelle, veuve Lafarge, en état d'accusation, pour être jugée, conformément à la loi, devant les assises de la Corrèze, comme prévenue d'empoisonnement sur la personne de son mari. Par suite de cet arrêt, le procureur-général de ladite cour, rassembla, dans l'acte d'accusation du 7 août 1840, les motifs de soupçons qui s'élevaient contre madame Lafarge, et qu'il appuya sur les points principaux du récit que nous venons de faire. Les voici :

1° Il était probable que madame Lafarge avait déjà voulu empoisonner son mari par le gâteau qu'elle lui avait envoyé à Paris au mois de décembre. Plusieurs motifs existaient pour le supposer. Le 14 décembre, le gâteau était parti du Glandier. Le 12, par conséquent deux jours auparavant, madame Lafarge s'était procuré de l'arsenic. Elle s'y était prise pour cela d'une manière fort singulière. Elle avait déclaré que les rats, pour la destruction desquels elle avait demandé ce poison, lui avaient rongé une amazone neuve, et personne n'avait vu cette amazone. Au lieu de faire chercher ce poison de la manière accoutumée, elle l'avait demandé à l'apothicaire par un billet ostensible. L'idée d'envoyer à son mari des gâteaux à Paris était déjà par elle-même fort singulière. Il était surtout extraordinaire qu'elle priât sa belle-mère non-seulement de faire les gâteaux, mais encore d'écrire un billet à son fils pour lui dire positivement que c'était elle-même qui les avait faits.

Ce qui n'était pas moins suspect, c'était d'avoir écrit à son mari de manger un gâteau en commun avec sa sœur, madame de Violaine, cette dame n'étant point alors à Paris. Il était évident que toutes ces mesures avaient pour but de tranquilliser Lafarge.

A la place de plusieurs petits gâteaux que la mère avait faits, un seul grand gâteau arrive à Paris. Personne n'avait vu ce grand gâteau au Glandier; personne ne sait d'où il est venu; c'est madame Lafarge seule qui a fermé la caisse dans laquelle se trouvaient les objets envoyés à Paris et qui l'a expédiée du Glandier. Lafarge avait été en bonne santé jusqu'à la réception du gâteau. La nuit même où il en mangea, il tomba malade; il eut des douleurs d'entrailles et des vomissemens; il en ressentait encore les atteintes le 3 janvier, à son retour au Glandier. Toutes ces circonstances indiquent un empoisonnement dont madame Lafarge était l'auteur, d'autant plus que celle-ci, peu de temps après l'envoi du gâteau se mit à parler à plusieurs reprises de pressentimens de mort, de deuil de veuve, etc., et montra une impatience extraordinaire de recevoir des nouvelles de Paris.

2° Aussitôt que Lafarge fut de retour au Glandier, le 3 janvier 1840, et qu'il eut mangé la moindre chose des mains de sa femme, c'est-à-dire une ou deux truffes, il fut pris de douleurs d'entrailles et de vomissemens.

3° Immédiatement après, c'est-à-dire le 5 janvier, madame Lafarge se procura de nouveau de l'arsenic, toujours sous le prétexte de détruire les rats, et en ajoutant que son domestique avait gâté la mort aux rats qui avait été faite avec le premier arsenic, demandé le 12 décembre 1839, de sorte que l'on n'avait pas pu s'en servir; circonstance nullement vraisemblable et qu'il n'était pas possible de prouver. A compter de ce moment l'état de Lafarge empira de jour en jour.

4° N'ayant pu cette fois, sans causer de surprise, demander de l'arsenic, autrement que sur une ordonnance du docteur Bardou, elle n'en avait obtenu que quatre grammes. Mais dès le 8 janvier, c'est-à-dire au bout de trois jours seulement, elle chercha, pour la troisième fois à se procurer une provision de ce poison. Elle chargea le commis Denis (Barbier) qui se rendait pour certaine affaire à Lubersac, de lui rapporter de l'arsenic, en lui recommandant de garder le secret sur cette commission. Le 10 ou le 11 janvier elle reçut de Denis 64 grammes d'arsenic.

5° Ce fut alors, c'est-à-dire le 11 janvier, que les opérations de l'empoisonnement atteignirent le plus haut degré d'audace et d'imprudence. Dès le matin, étant encore au lit, elle mêla avec le lait de poule, cette poudre blanche, dont le pharmacien Eyssartier, d'Uzerches, analysa plus tard le reste et dans lequel il reconnut sur-le-champ de l'arsenic. L'examen judiciaire qui en a été fait plus tard, a aussi constaté que ce lait de poule contenait de l'acide arsénieux.

6° Le même jour, madame Lafarge versa dans l'eau panée que l'on devait présenter au malade une poudre blanche qu'elle avait dans un petit pot, placé dans le tiroir de la commode qui se trouvait dans la chambre de Lafarge. Dans cette eau panée aussi l'examen judiciaire a fait plus tard reconnaître de l'arsenic. En attendant le petit pot avait disparu de la commode sans que l'on en pût retrouver les traces. On trouva de même de l'arsenic dans plusieurs autres breuvages destinés au malade et qui avaient dû passer par les mains de madame Lafarge.

7° On trouva aussi de l'arsenic dans la flanelle avec laquelle on avait frictionné le malade, flanelle qui avait passé par les mains de madame Lafarge.

8° Un motif grave de soupçons existe encore dans la circonstance suivante : le paquet d'arsenic que Denis avait rapporté le 10 ou le 11 janvier pour madame Lafarge, avait été reçu par elle. Mais plus tard elle l'avait remis à sa femme de chambre, Clémentine Servat, pour le serrer provisoirement. La femme de chambre l'avait mis dans un vieux chapeau, d'où le domestique l'avait pris pour l'enterrer dans le jardin. Bientôt après le juge d'instruction étant arrivé au Glandier, le paquet fut déterré et l'on reconnut qu'il ne contenait point d'arsenic, mais du bi-carbonate de soude. On ne trouva pas une trace d'arsenic dans un reste de mort-aux-rats précédemment confectionné.

9° La circonstance suivante paraîtra peut-être plus suspecte encore. Une nièce de la famille Lafarge, mademoiselle Emma Pouthier, revint deux jours avant la mort de Lafarge au Glandier, où elle avait déjà été auparavant. Le soir de ce même jour, comme madame Lafarge se déshabillait, Emma vit dans la poche de son tablier une petite boîte qu'elle n'y avait pas encore aperçue. Elle demanda à Clémentine Servat ce qu'il y avait dans cette boîte. La femme de chambre répondit que c'était de la gomme. Mais cela ne tranquillisa point Emma Pouthier. Elle examina la boîte de plus près et y trouva une poudre blanche dont elle mit un peu dans sa poche et qu'elle donna plus tard à son oncle, médecin, qui s'appelait Fleygnac. Celui-ci l'analysa et trouva que c'était de l'arsenic.

10° On trouve encore suspect que madame Lafarge, après avoir bu de l'eau dont mademoiselle Brun a parlé, ait eu des douleurs d'entrailles et des vomissemens.

11° On ne pouvait pas, en outre, ne point s'étonner que, dans le moment même où, d'après ce qui vient d'être dit, l'arsenic se trouvait partout en si grande profusion, sous la forme d'une poudre blanche, madame Lafarge se soit servie sans cesse de gomme, aussi sous la forme de poudre blanche, afin de pouvoir, comme elle l'a fait, en appeler à chaque instant à cette innocente gomme.

12° La conduite de madame Lafarge, pendant la maladie de son mari, a été particulièrement suspecte. Dans le commencement, elle s'était opposée à ce que l'on appelât un médecin ; elle avait essayé d'éloigner du lit de Lafarge ses plus proches parens ; pendant que l'inquiétude et le deuil régnaient dans toute la maison, elle s'entretenait de choses indifférentes et montrait même de la gaîté.

13° L'infortuné défunt lui-même a fait connaître assez clairement, vers la fin de sa vie, qu'il regardait sa femme comme son assassin. D'après le témoignage du docteur Lespinasse, il avait frémi, lorsqu'elle lui avait présenté à boire. Elle s'était plaint elle-même qu'il ne la contemplait plus avec autant d'amour qu'auparavant.

14° Maintenant si l'on cherche le motif de cette

action criminelle, il ne doit pas, ce semble, être difficile à trouver. Elle y avait un double intérêt : d'un côté, il faut admettre que Lafarge était odieux à sa femme, et qu'elle avait pris la résolution de se débarrasser de lui à tout prix ; de l'autre, on ne saurait rejeter non plus la pensée qu'elle espérait, par la mort de son mari, acquérir la possession d'une fortune considérable. Plusieurs circonstances indiquent que ces deux motifs existaient en effet.

L'aversion décidée de madame Lafarge pour son mari s'était manifestée immédiatement après le mariage et pendant le voyage au Glandier. Lafarge, poussé par un désir fort naturel chez un jeune époux, ayant voulu entrer chez sa femme qui se trouvait dans le bain, elle lui refusa l'entrée de sa chambre, et il y eut dès-lors une scène fort vive entre les nouveaux mariés. La lettre du 15 août, écrite immédiatement après son arrivée au Glandier, exprimait, plus décidément encore, non-seulement que madame Lafarge n'avait pas d'amour pour son mari, mais encore qu'elle éprouvait de l'aversion et une véritable haine pour lui.

Ces sentimens éclatèrent de nouveau lorsque, quelques jours après, Lafarge chercha vainement, même en employant la force, à passer la nuit chez sa femme. Si bientôt après la conduite de madame Lafarge changea totalement, si elle devint amicale, tendre même pour son mari, ce changement subit et qu'aucune circonstance extérieure n'expliquait, offrait quelque chose qui, d'une part, n'était pas naturel, et, de l'autre, devait faire naître l'idée de plans et d'intentions cachés et astucieux. A cela, il faut ajouter que Lafarge avait fait part à sa femme de ses projets et de ses brillantes espérances, fondées sur le brevet d'invention qu'il voulait obtenir; que sur-le-champ elle était tombée malade, et avait fait immédiatement, sans autre motif, un testament en faveur de son mari, ce qui mettait celui-ci, qui d'ailleurs l'aimait éperdument, dans l'obligation morale de lui laisser aussi toute sa fortune; enfin, que les opérations de l'empoisonnement avaient commencé précisément dans le moment où Lafarge venait d'être assuré de l'obtention de son brevet, ce qui était la condition de laquelle devait dépendre l'augmentation de sa fortune.

15° A tous ces motifs de soupçons se joignait encore le mauvais caractère que madame Lafarge avait déjà montré en plusieurs circonstances précédentes. Divers rapports, et jusqu'à des lettres de ses plus proches parens, faisaient voir qu'elle avait été de tout temps une personne adonnée à la fausseté et à l'hypocrisie; et qui plus est, des procédures intentées contre elle devant le tribunal correctionnel de Brives, peu de temps avant l'ouverture des assises de Tulle, avaient démontré qu'elle avait volé des diamans précieux appartenant à une famille avec laquelle elle était intimement liée, tandis qu'elle avait cherché à écarter le soupçon de ce vol par les calomnies les plus perfides.

Une personne d'un caractère si pervers et si vil est capable des plus grands crimes.

C'est ainsi que le procureur du roi, accusateur public, exposait les circonstances de la mort de Lafarge, le caractère de madame Lafarge, la part qu'elle aurait prise à la mort de son mari, et les motifs de la soupçonner de ce crime. C'est sur cette exposition qu'il fonde sa proposition de condamner à mort Marie Cappelle, veuve Lafarge, comme empoisonneuse, d'après les art. 301 à 302 du Code pénal.

Avant de continuer le récit de l'affaire même, il sera nécessaire de dire quelques mots sur l'histoire extérieure de tout le procès.

Lafarge était mort le 14 janvier 1840. Sur-le-champ le bruit de son empoisonnement parvint à Brives aux oreilles du juge d'instruction près le tribunal de cette ville.

Le 15, ce juge, ainsi que nous l'avons dit, se rendit avec le procureur du roi, au Glandier, afin de découvrir les circonstances particulières de la mort de Lafarge et établir les traces qu'il pourrait y trouver de l'empoisonnement et de son auteur. Le 16, le corps fut ouvert; mais les médecins ne purent pas décider immédiatement avec certitude si ce corps contenait du poison, et par conséquent si Lafarge était réellement mort empoisonné. Il fallut donc faire faire des analyses chimiques par des experts. On y procéda à Brives, où l'on transporta à cet effet les parties nécessaires du corps, ainsi que d'autres objets. Pendant ce temps, le juge demeurait principalement au Glandier, occupé de recherches pour découvrir le coupable. La famille de Lafarge désigna bientôt madame Lafarge comme auteur du crime. Ce fut donc contre elle que se dirigèrent les démarches du juge. Le 22 janvier, les opérations chimiques furent terminées à Brives. Les experts avaient prononcé que Lafarge était mort pour avoir pris de l'arsenic.

Les motifs de soupçons découverts dans l'intervalle contre madame Lafarge, acquirent par là aux yeux du juge une base si solide, qu'il procéda le jour même à son arrestation. Jusqu'à ce moment elle était demeurée en pleine liberté.

L'instruction suivit dès-lors son cours légal. Le 18 juillet, la chambre d'accusation de la cour royale de Limoges, envoya madame Lafarge en état d'accusation devant les assises de la Corrèze, à Tulle, pour y être jugée sur le fait de l'empoisonnement de son mari. Ces assises s'ouvrirent le 3 septembre 1840.

Il ne sera pas hors de propos de décrire en peu de mots l'apparence et les dehors de ces assises. Elles se tinrent au milieu d'un concours innombrable de spectateurs de toutes classes, venus des lieux les plus divers. La salle du tribunal de Tulle fut comble tous les jours. Ce n'était pas seulement de cette ville, de ses environs et des principales villes voisines que ces spectateurs y étaient venus. Il s'y trouvait aussi une foule d'étrangers arrivés de Paris et des provinces les plus éloignées de la France. L'Angleterre et l'Allemagne mêmes y avaient envoyé des curieux. Parmi les personnes présentes se trouvaient toutes les notabilités de Tulle et des environs et surtout beaucoup de dames.

3.

L'accusée s'y présenta entourée de beaucoup de membres de sa famille qui appartient aux hautes classes de la société. Elle était toujours dans un état de maladie et de souffrance. Les tourmens d'un emprisonnement de huit mois avaient fort affaibli son corps naturellement délicat. Elle avait une toux sèche et continuelle. Elle était si épuisée qu'il lui fallait faire les plus grands efforts physiques pour assister aux séances et pour pouvoir répondre d'une manière tant soit peu compréhensible aux questions qu'on lui adressait. Plusieurs fois son épuisement total força de suspendre la séance, et vers la fin il fallut même quelquefois l'ajourner. L'excès de sa faiblesse devint à la fin tel qu'il lui fut impossible d'assister à la dernière partie des débats.

Le tribunal se composait de MM. Barny, conseiller à la cour royale de Limoges, président; Guyel, vice-président au tribunal de Tulle; Lamirende et Graye, juges à ce tribunal. Le ministère public fut représenté par M. Decous, avocat-général à la cour royale de Limoges. Les douze jurés avaient été tirés au sort sur trente-six noms; le ministère public aussi bien que l'accusée, avaient, conformément à leur droit, récusé plusieurs personnes.

Le défenseur de l'accusée était Me Paillet, avocat à la cour royale de Paris, assisté, en qualité de secrétaire, de Me Desmonts, avocat à la même cour. Plus tard, pendant le cours des débats, Me Bac s'adjoignit à lui comme second défenseur; il avait déjà défendu madame

Lafarge dans le procès des diamans, devant le tribunal correctionnel de Brives.

Sur le banc des avocats se trouvait l'avocat Coralli, qui devait, en cas de besoin, soutenir les droits des parties civiles, c'est-à-dire de la famille Lafarge, à cause de l'empoisonnement et de la famille de Nicolaï, par rapport au vol des diamans dont il devait être de nouveau question. Parmi les témoins, on comptait les membres de la famille de Lafarge et ceux de la famille de Nicolaï, comme pour le vol des diamans.

Nous passons maintenant aux débats. La forme des procédures devant les assises ne peuvent point nous occuper. Elles seront soumises à la cour de cassation, à Paris, qui devra décider si elles ont été ou non violées.

L'accusée s'est expliquée complétement sur les charges portées contre elle. Elle a nié toute participation à la mort de son mari, et n'a cessé de protester de son innocence. Les motifs de prévention élevées contre elle devront être examinés un à un. Alors seulement nous pourrons communiquer les réponses particulières de l'accusée à chacune d'elles. Il doit suffire ici d'exposer sa réponse générale. Elle est conforme aux déclarations faites par elle durant l'instruction. La voici :

Marie Cappelle demeurait dans sa famille à Paris. C'est sa tante, la baronne Garat, qui lui a fait faire la connaissance de Lafarge. Elle n'a jamais entendu parler de l'intervention de De Foy. Lafarge chercha à lui plaire. Il lui parla beaucoup de sa richesse, du grandiose, de l'importance et de la belle situation de ses propriétes ainsi que des forges qui s'y trouvaient. Au bout de quelqué temps elle se fiança avec lui et l'épousa bientôt après. Immédiatement après le mariage, elle partit avec lui pour le Glandier, accompagnée de sa femme-de-chambre, Clémentine Servat.

Pendant la route elle fut prise d'un chagrin irrésistible. Arrachée du sein de sa famillé, elle se regardait comme abandonnée et seule au monde. Elle avait formé des relations qui lui étaient tout-à-fait étrangères; tout cela lui était arrivé subitement et sans aucune préparation. Elle se voyait enchaînée à un homme dont l'éducation et la manière de vivre différaient des siennes, et fort au-dessous d'elle par l'instruction. A Orléans, son mari se conduisit envers elle d'une manière rude, grossière, ou qui du moins lui parut fort étrange.

Ce fut dans cette disposition si peu favorable qu'elle arriva au Glandier. Là, au lieu du paysage ravissant qui lui avait été annoncé, elle trouva une contrée solitaire et triste; au lieu d'un château grandiose et beau, un vieux couvent de chartreux, désert, délabré et ressemblant à une ruine; enfin, au lieu de son boudoir commode et élégant de Paris, une chambre longue, nue et sombre: c'était là qu'elle devait fixer désormais son séjour. Là, accoutumée qu'elle était au tumulte et à l'éclat des salons de Paris, elle devait passer sa vie entière, loin de ss parens et de ses amis, loin de tout ce qui lui était cher et précieux, pour couler des jours tristes et silencieux. A cette pensée elle fut saisie d'une sorte de désespoir; sa raison et sa réflexion l'abandonnèrent. Elle dit elle-même : « Voyez-vous, j'ai perdu la tête. » Elle voulut partir, partir à tout prix, partir, pour quelque lieu que ce fût. Elle pensa alors à une autre partie du monde, à Smyrne. Elle forma le projet de menacer son mari d'un autre amant, de poison et de pistolet.

Elle écrivit la lettre du 15 août, dont chaque ligne, chaque mot ne renfermait que des inventions de son imagination exaltée. Mais dès le lendemain la raison lui revint. Elle se voyait dans la société d'un homme qui montrait un caractère de probité et qui l'adorait, entourée d'une famille qui l'accueillait avec la plus vive amitié. Elle se réconcilia avec le pays, dont elle apprit aussi à connaître les beautés. Elle découvrit qu'il serait facile de convertir le vieux couvent en un château habitable et lui trouva plusieurs agrémens qui lui avaient échappé dans le premier moment de son arrivée. Elle sentit surtout que le devoir lui ordonnait de partager le sort de son mari. Elle se convainquit qu'elle avait agi la veille d'une manière déraisonnable, insensée. En conséquence, si d'abord elle avait repoussé l'amour de Lafarge, elle dut ensuite aller au-devant. La meilleure intelligence s'établit entre les époux et se raffermit de jour en jour davantage.

Quelque temps après, dans le mois d'octobre, elle tomba malade. L'amour de son mari et ses attentions augmentèrent. Un sentiment de reconnaissance l'engagea à faire un testament en faveur de son mari; celui-ci fit de même pour elle, sans qu'elle en eût exprimé le désir directement ou indirectement.

Vers le même temps, Lafarge lui avait communiqué une invention qu'il avait faite dans l'industrie de ses forges, invention qui lui deviendrait extrêmement avantageuse s'il pouvait obtenir un brevet pour l'exploiter, et augmenterait considérablement son revenu. Le 20 novembre 1839, il partit pour Paris afin de solliciter ce brevet. Dans le commencement ses affaires traînèrent en longueur; mais vers la mi-décembre, tout annonçait qu'elles allaient avoir le succès désiré. Le brevet lui fut promis.

Il est certain qu'à cette époque madame Lafarge lui envoya, du Glandier, des gâteaux. L'envoi du portrait avait été convenu entre eux avant son départ. En conséquence, elle avait fait venir dès le 4 décembre, au Glandier, une artiste, mademoiselle Brun. Elle entretenait avec son mari une correspondance journalière et non interrompue. Leurs lettres étaient remplies, de part et d'autre, des expressions les plus tendres. C'est ce qui fit naître en elle, quand le portrait fut achevé, une idée, à la vérité étrange, mais un peu fantastique, celle d'un repas sympathique. Elle fit donc faire plusieurs petits gâteaux. Elle en garda quelques-uns pour elle, et envoya les autres à son mari, à Paris. Elle fixa une heure à laquelle, placé devant son portrait, il devait manger les gâteaux avec sa sœur à elle, tandis que dans le même moment, elle mangerait les autres avec la mère et la sœur de son mari. Sa belle-mère avait un talent particulier pour faire d'excellens petits gâteaux appelés *choux*, et que Lafarge aimait beaucoup. Elle pria donc la vieille dame de faire de ces gâteaux, comme à l'ordinaire, et d'y joindre quelques lignes de sa main, pour dire que c'était elle qui les avait faits, afin que Lafarge les mangeât avec plus de plaisir. Ce fut, en effet, la mère qui fît la pâte, que la cuisinière fit cuire, selon l'usage, dans le four de la cuisine. Madame Lafarge les emballa ensuite dans une caisse, avec son portrait et plusieurs autres objets. Cette caisse fut fermée par elle, au sein de la famille, en présence de mademoiselle Brun et des domestiques, et portée ensuite aux messageries à Uzerches par un serviteur de la maison. L'accusée assure qu'elle n'a mis dans la caisse que deux ou trois petits gâteaux; il lui est impossible d'expliquer comment il se fait qu'un seul grand gâteau soit arrivé à Paris. Ce qui lui paraît plus inexplicable encore, c'est que ce gâteau ait réellement contenu du poison. A la vérité, elle avait, peu de temps auparavant, acheté de l'arsenic, mais seulement dans le but de détruire les rats, dont il y avait au Glandier une quantité innombrable, et qui lui avaient même rongé un habit d'amazone. Si à cette occasion elle avait écrit une lettre au pharmacien Eyssartier, c'était par simple politesse, parce qu'elle lui avait fait une visite avec son mari. Cet arsenic avait réellement servi au domestique Alfred, pour en faire de la mort-aux-rats, qui était restée pendant environ trois semaines dans son cabinet de toilette, après quoi elle avait été brûlée, parce qu'elle était devenue trop sèche. Quant à son inquiétude, elle était fort naturelle ; Lafarge lui avait écrit qu'il avait eu la migraine ; elle savait qu'il en souffrait souvent de cruelles atteintes, et que même il s'y joignait parfois de fortes attaques de nerfs. L'impatience avec laquelle elle attendait des lettres de Paris était tout aussi naturelle, tout aussi ordinaire. Il lui arrivait souvent d'aller au-devant du facteur à l'arrivée de la poste de Paris. Du reste, l'accusée nie avoir eu des pressentimens de mort, avoir parlé de deuil de veuve, etc.

Lafarge revint de Paris au Glandier le 3 (1) janvier 1840. Il était souffrant et se coucha en conséquence sur-le-champ. Madame Lafarge dîna à côté de son lit. C'était une volaille aux truffes qu'elle mangeait. Elle ignore si son mari a mangé des truffes ou non, mais elle en admet la possibilité. Il est certain qu'elle ne lui en a point offertes, car elle savait très bien que les truffes sont malsaines quand on vomit, et il lui avait rapporté que pendant toute la route il avait eu des vomissemens qui continuèrent après son retour.

On ne doit pas s'étonner que, pendant la maladie de son mari, elle lui ait rendu tous les soins que son cœur lui dictait et qu'elle lui devait en qualité d'épouse. Elle nie avoir jamais éloigné de lui ses parens. Une seule fois, elle pria sa belle-mère d'aller prendre du repos, cette vieille dame étant épuisée par les veilles ; les soins

---

(1) D'après toutes les rédactions que nous connaissons des débats de la Cour d'assises, le président, dans ses interrogatoires, fixa le jour au 5 janvier ; mais cela est inexact.

et les efforts qu'elle faisait. Il n'est pas vrai qu'elle se soit opposée à ce que l'on appelât un médecin : c'est elle au contraire qui, dès le retour de Lafarge, exprima le désir que l'on consultât un docteur habile.

L'accusée avoue que peu de temps après le retour de son mari, c'est-à-dire le 5 janvier, elle a fait prendre pour la seconde fois, et trois jours après, le 8 janvier, par Denis, pour la troisième fois, de l'arsenic. Mais c'était toujours dans le but de détruire les rats. La seconde fois, Lafarge lui-même s'étant plaint que les rats troublait son repos, ce fut en sa présence qu'elle pria le docteur Bardou, d'ajouter à son ordonnance de l'arsenic à prendre chez le pharmacien Eyssartier.

L'arsenic qui fut envoyé, par suite de cette ordonnance, fut remis à l'accusée en présence de son mari ; elle le donna à celui-ci et ce fut Lafarge lui-même qui chargea le domestique Alfred d'en faire de la mort-aux-rats. Alfred en prépara une pâte. Si plus tard on a trouvé de la pâte qui ne renfermait point d'arsenic, c'est là une circonstance que l'accusée est hors d'état d'expliquer.

Elle fut obligée d'en envoyer chercher pour la troisième fois, parce que celui que portait l'ordonnance de Bardou n'avait point été suffisant pour détruire les rats, qui faisaient beaucoup de bruit, jusque dans la chambre du malade. L'accusée déclare que c'est un infâme mensonge de soutenir qu'elle ait mis le moindre mystère dans ses démarches, et notamment quand elle a chargé Denis de prendre cet arsenic. Bien au contraire, elle a fait voir ce poison à son mari, quand, peu de temps après qu'elle l'eut reçu, celui-ci se fut plaint que les rats l'incommodaient au point de toucher même aux vases qui contenaient ses breuvages. Quelque temps après, elle remit le paquet à sa femme-de-chambre, pour que celle-ci le donnât au domestique Alfred, qui devait de nouveau en faire une pâte pour tuer les rats.

L'accusée déclare aussi que les dépositions de mademoiselle Brun sont complétement fausses. Elle avoue qu'elle a préparé pour son mari un lait de poule, de l'eau panée et d'autres breuvages, mais elle nie s'y être jamais prise pour cela d'une manière mystérieuse et suspecte. Elle n'y a ajouté que de la gomme en poudre dont elle se servait elle-même alors contre le rhume, et dont on connaît les bons effets dans toute espèce d'inflammation. Il n'est pas vrai qu'elle ait dit à mademoiselle Brun que l'on mettait de la fleur d'oranger dans le lait de poule. En revanche tout le monde, au Glandier, savait qu'elle mêlait de la gomme avec les boissons de son mari. Il n'est pas vrai que, dans le tiroir de la commode de la chambre de son mari, il y eût un petit pot avec de la poudre blanche. Il est impossible qu'elle ait pu y avoir mis du poison; le tiroir ne fermait point et était par conséquent accessible à tout le monde. Qu'elle ait bu une partie d'un breuvage destiné à son mari, c'est fort possible; il est possible aussi que la nuit suivante elle ait eu des vomissemens; à cette époque, elle était malade aussi et vomissait souvent.

L'accusée déclare, en outre, que la déposition de sa

belle-mère est contraire à la vérité, en ce qu'elle se serait efforcée, en sa présence, de cacher quelque chose, et notamment en ce qu'elle aurait essuyé la cuillère dans laquelle elle venait de donner à son mari une potion. L'accusée est absolument hors d'état d'expliquer comment il se fait qu'il se soit trouvé du poison dans tous les breuvages destinés à son mari; elle ne peut pas même former de conjectures à ce sujet. Elle peut encore moins expliquer comment le paquet qu'elle avait remis à sa femme-de-chambre, comme étant l'arsenic apporté par Denis, et qu'elle devait donner à Alfred, s'est trouvé, après cela, ne point contenir d'arsenic, mais du bi-carbonate de soude. Si, pendant la maladie de son mari, elle a employé de la gomme, l'accusée soutient qu'il n'y a en cela rien de suspect ni même d'étonnant, attendu qu'à cette époque elle était très enrhumée, et tout le monde sait que la gomme est le remède ordinaire pour le rhume. Elle ne voit rien de suspect non plus dans la circonstance que dans les derniers jours de sa vie son mari ne lui a plus témoigné le même amour et la même tendresse. Elle trouve cela fort naturel, après que sa propre mère et sa sœur eurent fait naître en son esprit le soupçon qu'elle était son assassin. En revanche, elle déclare qu'il n'est pas vrai que, pendant la maladie de son mari et au milieu de la douleur qui accablait sa famille, elle se soit montrée insouciante et gaie.

Quant aux motifs que l'on suppose qu'elle peut avoir eus pour le crime dont on l'accuse, elle les repousse avec mépris. Elle n'a point eu de haine pour son mari; au contraire elle ressentait de jour en jour plus d'inclination et d'amour pour lui. L'idée de recueillir des avantages pécuniaires de sa mort n'est jamais entrée dans son esprit. L'occasion qui a donné lieu aux testamens mutuels est fort naturelle. Elle ne cherchait certainement point à surprendre son mari, puisqu'elle ne lui donnait que l'usufruit de sa fortune, diminuée encore par plusieurs legs. Si, dans ses lettres, elle l'exhortait à presser autant que possible l'obtention du brevet, c'était parce que dans les siennes il ne cessait de lui en peindre l'importance et l'urgence.

L'accusée, dans sa défense opposait à ce que l'on trouvait de suspect dans son caractère moral, une foule de témoignages des plus favorables pour ce caractère. Elle cherchait surtout à écarter le soupçon du vol des diamans par de nouveaux éclaicissemens à ce sujet.

Maintenant que nous avons fait connaître les points principaux de l'accusation et de la défense, nous pouvons passer à l'examen de la question si, d'après les découvertes qui ont eu lieu, madame Lafarge doit réellement être considérée comme convaincue d'avoir empoisonné son mari. Cet examen, ainsi que nous l'avons déjà remarqué, se divise, par la nature de la cause, en deux parties. Il s'agit d'abord de savoir :

Si Charles Lafarge a été réellement empoisonné et s'il est mort par suite du poison qu'il a pris.

Nous avons déjà remarqué plus haut que sans l'existence d'un crime, il ne saurait y avoir de criminel. Tous les législateurs reconnaissent ce principe et doivent le reconnaître, comme chose évidente. Il ne saurait non plus en être autrement d'après le droit français. Seulement ce droit n'est pas aussi sévère dans son application, surtout quand il s'agit d'un meurtre, que celui des divers états de l'Allemagne et notamment de la Prusse. Les législateurs allemands, prenant en considération l'importance du crime et la gravité des peines, ont tracé, spécialement en ce qui concerne le crime de meurtre, des règles toutes particulières qu'il est nécessaire de suivre pour parvenir à s'assurer de l'existence du fait. Ils exigent pour cet examen que les preuves alléguées soient épluchées avec la plus grande sévérité. L'expertise ne doit être confiée qu'à des médecins assermentés, approuvés et institués par le gouvernement. Des règles précises sont imposées à ces médecins, qu'ils doivent suivre tant dans leurs opérations techniques et scientifiques que dans la manière de rédiger leur opinion ; dans les cas d'empoisonnement surtout, on a posé les règles les plus strictes pour être sûr que les substances qu'il s'agit d'analyser, tirées du corps de l'empoisonné ou d'autre part, ne puissent, jusqu'à leur examen, être changées ou altérées par l'addition ou la soustraction d'aucune de leurs parties. Il est impossible de méconnaître la nécessité des garanties que l'on se procure par ce moyen. La législation française ne les exige point. Elle ne possède donc pas de règle fixe pour ce cas. Elle part, quant à l'existence du fait, du principe que la conviction du jury remplace la preuve formelle. Il ne s'agit pas ici pour nous d'attaquer le principe du mode d'instruction usité en France. Nous devons d'après cela nous abstenir d'approfondir combien il peut être dangereux, dans des questions où les hommes de l'art les plus savans et les plus expérimentés ont souvent de la peine à arriver à un résultat certain, de se soumettre au jugement de gens qui n'entendent absolument rien à la chose.

La question que nous avons posée se subdivise encore en deux parties. D'abord il s'agit de savoir si Lafarge a réellement pris du poison et ensuite s'il est mort par l'effet du poison qu'il aurait pris ; ces deux questions doivent sans doute demeurer séparées ; car, quand même il serait démontré que Lafarge a pris du poison, il ne s'ensuivrait pas pour cela qu'il fût mort de l'effet de ce poison ; mais pour qu'il y ait un *meurtrier* par le moyen du poison (Giftmœrder), il faut nécessairement que celui à qui le poison a été donné soit mort par l'effet de ce poison.

Charles Lafarge a-t-il réellement pris du poison ?

Pas un seul témoin n'a vu Charles Lafarge prendre du poison. On ne peut donc arriver à ce fait que par des conclusions et par d'autres faits démontrés. Ces faits peuvent être de deux espèces. Premièrement, si l'on prouve que, dans les substances prises par Lafarge, il y avait du poison. Remarquez bien que, s'il est seulement prouvé qu'il s'en est trouvé dans les substances qui ont *servi* à Lafarge, sans qu'il le soit également qu'il a en effet pris de ces substances, cela ne suffirait pas; car tandis que du premier fait on ne peut conclure qu'une probabilité que les parties de ces substances réellement prises par lui contenaient aussi du poison, si le second fait seul était constaté (savoir que les substances empoisonnées étaient seulement destinées à être prises par Lafarge), on n'aurait plus que la probabilité d'une probabilité du fait qu'il s'agirait de prouver; en tous cas, par cette sorte de faits on n'arrive jamais qu'à la vraisemblance. Dans l'espèce, ils n'entrent pas même en considération. Pas un seul témoin n'a vu Lafarge prendre des substances, qui ont été reconnues contenir du poison au moment où elles ont été prises. Nous aurons occasion de revenir plus bas sur cette circonstance.

D'après cela il faut plutôt s'attacher ici à la seconde nature de faits à prouver. Nous voulons dire que, dans le corps du défunt et dans les matières sorties de son corps par les vomissemens, il y avait du poison. Cette question ne peut donc être éclaircie que par la réponse à cette question : dans le corps de Lafarge et dans les matières vomies par lui, s'est-il trouvé du poison. Cette recherche importante nous conduit à l'examen d'une procédure qui a été conduite avec une légèreté égale à son importance. On ne peut résoudre cette question qu'en rapportant en détail la procédure.

Le 16 janvier, le corps de Lafarge, mort le 14, fut examiné et ouvert. Déjà, dans cette première opération, on procéda avec une impardonnable légèreté. L'autopsie eut lieu à la vérité en présence du juge d'instruction et du procureur du roi; mais les principales opérations

4

furent faites par un médecin qui ne possédait nullement les connaissances nécessaires; les magistrats sus-
nommés avaient chargé de l'autopsie les docteurs Massenat, Tournadour et Lespinasse; mais ces docteurs n'o-
pérèrent point; ils furent seulement présens à l'autopsie.
Toutes les opérations de cette autopsie furent faites par
un autre, par le docteur Baubey de la Corderie (1), de
Pompadour, comme on l'a appris de sa propre déposition que personne n'a contredite. Ce personnage était
venu par hasard au Glandier pour assister au convoi de
Lafarge, et se promenait dans le jardin, quand il fut
appelé dans la maison où on le pria d'entreprendre
l'autopsie, attendu que le docteur Bardou , ami du
défunt, ne voulait pas faire l'opération. Ce fut M. Bardou
lui-même qui adressa cette prière à M. de la Corderie.
En conséquence, ce fut celui-ci qui dirigea toute l'opération non comme expert , mais comme amateur et par
conséquent sans avoir prêté serment, ainsi qu'il résulte
de la réponse qu'il fit lui-même à une question de
l'avocat-général.

Et pourtant le procès-verbal de cette autopsie n'a
point été signé par ce M. de la Corderie; mais par les
trois messieurs dont nous avons parlé, ainsi que par
M. Bardou ; conduite certes bien illégale! Opération
illégale aussi , en ce qu'elle a été faite par un homme
arbitrairement substitué à d'autres, qui n'a point prêté
serment, et dont les qualités nécessaires pour en entre-

(1) Plusieurs feuilles l'appellent de Laborderie.

prendre de semblables ne sont nullement connues! Procès-verbal contraire à la vérité, puisqu'il est signé par un médecin qui déclare y avoir pris part et se rend caution des opérations et des découvertes qu'elles ont amenées, tandis qu'il s'y est fait remplacer par un autre et ne peut par conséquent rien garantir, et puisque deux autres médecins, en signant avec lui le procès-verbal, attestent une fausseté comme étant une vérité. Et ces faussetés et illégalités se passent sous les yeux du juge d'instruction et du procureur du roi, et reçoivent de leur présence officielle le sceau de la légalité! Quelle foi peut-on ajouter après cela à des découvertes faites de cette manière?

Le docteur de la Corderie ouvrit l'estomac, les entrailles, la vessie et le cerveau. Le corps offrait deux taches de sang extravasé aux coudes. L'estomac présentait des traces d'inflammation et notamment un endroit rouge de la largeur d'une pièce de dix sous; il renfermait un liquide noirâtre. Le duodénum se montrait également enflammé; une tache d'un noir foncé se trouvait à la partie muqueuse de cet intestin; il contenait aussi un liquide noirâtre. Le cœur était hypertrophié; dans ses environs on voyait quelques taches rouges. Les poumons étaient extrêmement rouges. Les autres organes ne présentaient rien d'extraordinaire. L'estomac, le duodénum, les liquides noirâtres trouvés dans l'un et dans l'autre, les matières vomies par le défunt, mais qui, d'après la déclaration de sa sœur, madame Buffières, n'avaient été conservées que depuis

4.

le 11 janvier, furent mis dans des bouteilles, pour être soumis plus tard à une analyse chimique. On réunit de la même manière les boissons qui avaient servi au décédé, mais de cela nous parlerons plus bas.

Lors de l'autopsie on ne trouva point d'arsenic métallique, ni aucun autre poison en substance. Les médecins n'ont point été d'accord sur la question de savoir jusqu'à quel point les anomalies reconnues devaient être considérées comme des traces ou des effets du poison. Le docteur Bardou, qui avait traité le défunt, et qui dans l'origine ne croyait point à l'empoisonnement, dit que l'autopsie a ébranlé sa première opinion. Les docteurs Lespinasse et Massenat ne peuvent rien conclure du seul état du corps. Le docteur de la Corderie au contraire dit positivement que cet état ne lui permet pas de conclure à un empoisonnement et qu'il regarde les traces d'inflammation qui se sont trouvées, notamment dans l'estomac, comme le résultat des seuls efforts faits pour vomir. De l'autopsie seule on ne peut donc tirer aucun fait positif pour constater un empoisonnement. Aucun des experts n'ose prendre sur lui de l'en déduire.

Voyons maintenant si l'analyse chimique des parties du corps emportées et des matières vomies donnent un résultat différent et plus certain.

Ces matières, ainsi que nous l'avons dit, furent rassemblées dans des bouteilles. Cela fut fait par les médecins, en présence du juge d'instruction et de madame Lafarge, le 16 janvier, immédiatement après l'autopsie.

C'est à ceci qu'il faut rapporter une circonstance fort remarquable, dont à la vérité, dans l'ordre de notre examen, nous ne devrions parler que plus tard, mais qu'il est néanmoins nécessaire d'exposer dès à présent, par deux motifs: d'abord parce qu'elle n'est pas sans influence sur les conclusions tirées de l'analyse chimique, et puis parce qu'elle se rattache, à plusieurs égards du moins historiquement à cette analyse.

Lorsqu'on rassembla ces matières, on réunit en même temps les liquides qui avaient été destinés à être bus par Lafarge et que sa famille avait conservés, parce qu'elle les soupçonnait de contenir du poison. Ils avaient été placés, par la vieille dame Lafarge, dans un placard, auquel le juge d'instruction apposa le scellé dans la nuit du 15 au 16 janvier, remis ensuite par elle à ce même juge, et transvasés, comme les autres matières, dans des bouteilles, en présence du juge d'instruction et de l'accusée. Ces liquides se composaient d'une bouteille de bière, d'un lait de poule, d'eau panée et d'eau sucrée. Outre cela les médecins avaient encore emporté avec eux de l'eau gommée et du sucre en poudre. Enfin on y joignit la flanelle avec laquelle le défunt avait été frictionné, et qui fut aussi remise par la vieille dame Lafarge. Les divers vases, après qu'un procès-verbal en eut été dressé, furent munis d'étiquettes et cachetés avec de la cire rouge. Le tout fut placé ensuite, avec quelques autres objets, tels que de la poudre de cantharides, dans un seul panier, que l'on attacha sur le dos d'un cheval et que l'on envoya à Brives par un messager, accompagné d'un gendarme. Tout cela se fit le 16 janvier. Le messager partit à onze heures du soir du Glandier. Le 17, le juge d'instruction arriva à Brives; le 19, les médecins, assistés par des chimistes, commencèrent l'analyse chimique des substances apportées du Glandier. Le pharmacien Eyssartier d'Uzerches, y joignit le lait de poule, qui lui avait été précédemment envoyé du Glandier. L'analyse chimique fut faite par les experts seuls, car le juge d'instruction retourna sur-le-champ au Glandier pour y continuer la recherche des traces du crime. Elle fut faite successivement de toutes les substances; l'estomac et les liquides qu'il contenait furent analysés les derniers. Les experts furent: les docteurs Tournadour, d'Albay, Massenat, Bardou et Lespinasse et le pharmacien Lafosse, de Brives. Ils opérèrent depuis le 19 jusqu'au 22 janvier. Voici le rapport textuel qu'ils firent de leurs opérations.

« Nous soussignés, docteurs en médecine, rapportons que, requis, par M. le juge d'instruction près le tribunal de Brives, nous nous sommes réunis en notre laboratoire, le 19 janvier 1840, pour procéder à l'analyse chimique des dernières matières élémentaires, médicamens et liquides provenant ou extraits de l'estomac de M. Charles-Joseph Pouch-Lafarge, décédé au Glandier, le 14 janvier 1840; nous avons pris une partie de ces dernières matières et les avons analysées ainsi qu'il suit:

« PREMIÈRE ANALYSE. — *Lait de poule.* — Nous avons décanté une partie du lait de poule; nous l'avons traité par l'acide hydrosulfurique; nous y avons de plus ajouté quelques gouttes d'acide hydrochlorique, et il en est résulté un précipité jaune-serin, floconneux, parfaitement soluble dans l'ammoniaque pure. Nous avons recueilli une partie de la poudre déposée au fond de la tasse, contenant le lait de poule, nous l'avons desséchée en l'approchant des charbons ardens; nous l'avons introduite, avec un mélange de parties égales de carbonate de potasse et de charbon, dans un tube de verre que nous avons chauffé jusqu'au rouge. Il s'est déposé, à la suite de ces épreuves, des granulations grises, brillantes, que nous attribuons à la présence de l'arsenic-métal. De plus, nous en avons jeté une autre partie sur les mêmes charbons, et il s'est dégagé aussitôt une vapeur blanche, d'une odeur aliacée, que nous avons recueillie sur une lame de cuivre décapée. Nous avons versé une goutte de dissolution de deuto-sulfate de cuivre ammoniacal, sur cette vapeur blanche, déposée sur la plaque, et il s'est formé dans la goutte du liquide une coloration verte.

« DEUXIÈME ANALYSE. — *Eau panée.* — Nous avons filtré ensuite ce liquide; une partie a été traitée par l'acide hydrosulfurique, et a donné un précipité floconneux, jaune-serin, soluble dans l'ammoniaque; versé dans une partie du même liquide, il a donné un précipité vert.

« Le résidu de l'eau panée a été desséché et soumis, avec partie égale de carbonate de potasse et de charbon, dans un tube de verre qui a été chauffé au rouge.

Quelques points brillans ont été aperçus à la suite de cette expérience, sur les parois du tube. Sont-ce des granulations d'arsenic-métal ? Nous le croyons.

« TROISIÈME ANALYSE. — *Eau sucrée.* Filtrée et traitée par l'acide hydrosulfurique, l'eau sucrée s'est fortement colorée en jaune. La chaleur y a fait naître un précipité jaune serin, que l'ammoniaque a dissous.

« QUATRIÈME ANALYSE. — *Bière.* — Après l'avoir décolorée par le charbon, nous l'avons filtrée et soumise à l'action de l'acide hydro-sulfurique. Aucun changement ne s'est formé dans ce liquide, l'acide hydrochlorique n'y a apporté aucune modification.

« CINQUIÈME ANALYSE. — *Eau de gomme.* — Rien qui puisse faire croire à la présence de l'acide arsénieux.

« SIXIÈME ANALYSE. — *Sucre en poudre.* — Aucun résultat.

« SEPTIÈME ANALYSE. — *Liquide provenant de vomissemens.* — Une partie de ce liquide a été chauffée, filtrée et puis traitée par l'acide hydro-sulfurique ; une légère coloration jaunâtre s'est manifestée ; l'addition de quelques gouttes d'acide hydro-chlorique n'a apporté aucune modification.

« HUITIÈME ANALYSE. — *Liquide contenu dans l'estomac, et estomac.* — Décolorée par le charbon animal, et filtrée, une partie de ce liquide a été mélangée avec une égale quantité d'eau dans laquelle nous avons fait bouillir une portion de l'estomac, toutefois après l'avoir ainsi filtrée. Ces deux liquides réunis et introduits dans un matras, ont été chauffés avec addition d'acide nitrique et portés à l'ébullition; il s'est dégagé des vapeurs légèrement colorées. Nous avons ensuite saturé la liqueur avec du carbonate de potasse. Enfin nous avons ajouté un excès d'acide sulfurique et quelques gouttes d'acide hydrochlorique; il s'est formé un précipité floconneux d'un jaune serin, qui a été recueilli sur un filtre, sur lequel nous avons versé parties égales d'eau distillée et d'ammoniaque; la liqueur filtrée de nouveau et chauffée au bain de sable, nous a laissé sur la dessiccation complète un résidu jaune, qui a été introduit dans un tube de verre, avec parties égales de charbon et de carbonate de potasse. Ce mélange a été chauffé à une douce chaleur, pour le débarrasser de l'humidité qu'il pouvait contenir. Puis nous avons effilé le tube qui le contenait, et nous l'avons chauffé au rouge; mais une explosion a eu lieu, parce que le tube avait été fermé hermétiquement par inadvertance, et nous n'avons pu obtenir de résultats.

« Nous concluons des expériences qui viennent d'être rapportées :

« 1° Que le lait de poule contenait une grande quantité d'acide arsénieux;

« 2° Que l'eau panée contenait de l'acide arsénieux;

« 3° Que l'eau sucrée contenait aussi de l'acide arsénieux;

« 4° Que la bière, l'eau de gomme et le sucre en poudre ne contenaient aucune matière vénéneuse;

« 5° Que les liquides vomis ne contenaient pas d'acide arsénieux, du moins sensible à l'action des réactifs;

« 6° Que les liquides contenus dans l'estomac, et ce dernier organe offraient de l'acide arsénieux;

« 7° Que la mort du nommé Charles-Joseph Pouch-Lafarge est le résultat de l'empoisonnement occasioné par l'absorption de l'acide arsénieux.

« *P. S.* Nous avons omis de signaler l'épreuve faite sur la flanelle dont on se servait pour frictionner M. Lafarge.

« Voici le résultat de cette épreuve :

« Après avoir fait bouillir une partie de cette flanelle avec l'eau distillée, nous avons soumis une partie du liquide filtré à l'action de l'acide sulfurique avec addition de quelques gouttes d'acide hydrochlorique, et nous avons obtenu un précipité floconneux, jaune serin, que l'ammoniaque a dissous.

« Fait et clos en notre laboratoire. »

Cette opinion exprime avec précision, non-seulement qu'il y avait de l'acide arsénieux dans l'estomac de Lafarge et dans les liquides qui y étaient contenus, mais encore que Lafarge est mort par suite de l'absorption d'acide arsénieux. Ce n'est pas encore le moment de nous occuper de cette dernière assertion ; pour l'instant, il ne s'agit que de la première. Afin d'en pouvoir juger l'exactitude sous toutes ses faces, il faut essentiellement considérer les éclaircissemens supplémentaires que les experts ont donnés après ce rapport, ainsi que les observations que le greffier Vicant, de Brives, a faites sur l'opération ; les voici :

1° Les experts sont tous d'accord pour dire que, dans l'estomac et dans le liquide qu'il contenait, ils n'ont point trouvé d'arsenic métallique ; que, tout au contraire, pendant qu'ils étaient occupés à chercher l'arsenic par leurs opérations, le tube de verre fermé hermétiquement et trop chauffé a éclaté, et que toutes les matières soumises à l'analyse ont été perdues. Toutefois, d'après ce qu'ils ont trouvé ailleurs, ils croient pouvoir conclure qu'il y avait pourtant de l'arsenic dans l'estomac et dans son contenu, et ils paraissent convaincus que cette conclusion est parfaitement raisonnable et scientifique.

2° Le pharmacien Lafosse auquel les docteurs Massenat et Tournadour se réunirent, une fois qu'il eut touché ce sujet, dit ce qui suit, en parlant de l'état dans lequel les substances à examiner leur avaient été remises par le juge d'instruction et le greffier : L'estomac était dans un grand vase, qui n'était point cacheté, mais seulement couvert d'une mauvaise toile nouée avec de la ficelle ; les autres substances se trouvaient dans plusieurs vases qui n'étaient pas cachetés non plus. Le lait de poule remis par Eyssartier était même contenu dans une tasse découverte.

3° Le greffier Vicant, de Brives, parle dans le même sens. Il dit que le 16 (janvier), on rassembla les diverses substances dans lesquelles se trouvaient vraisemblablement de l'arsenic ; la vieille dame Lafarge les avait toutes renfermées dans un placard. On les mit dans quelques bouteilles et cruchons, que l'on étiqueta en présence des deux dames Lafarge; on jugea que c'était suffisant, attendu que l'on avait l'intention de les cacheter à Brives. Le tout fut mis dans un panier et expédié sur un cheval, à quatre heures du soir.

Le témoin dit à ce sujet, que les vases furent bouchés ou fermés avec des ficelles ou des bandes, de telle sorte qu'on aurait pu les ouvrir sans lacérer les bandes. Quant à l'estomac, le témoin dit particulièrement que le vase dans lequel il se trouvait était très facile à ouvrir, sans qu'il fût nécessaire de détruire l'étiquette. Le témoin arriva le 17 au soir à Brives. Il se rendit sur-le-champ au greffe où il trouva que les substances étaient déjà arrivées. Elles lui *parurent* être encore dans le même état dans lequel elles avaient été expédiées du Glandier; seulement une des bandes était déchirée en deux, et à ce que le témoin pense, par suite du frottement sur la route. Après l'arrivée du témoin l'estomac fut coupé avec des ciseaux et une partie de cet organe fut remise plus tard aux chimistes pour en faire l'analyse. Le témoin a ouï dire que le 17 on fit mettre dans un vase l'estomac qu'on avait enveloppé dans une toile. La salle du greffe dans laquelle les substances avaient été déposées n'était point fermée à clef; le témoin ainsi que les clercs y entraient et en sortaient journellement. C'est aussi dans cette salle que, dans l'intervalle des analyses chimiques, les substances demeuraient déposées et toujours sans avoir été scellées. Ce n'est que le 24 janvier, après que les opérations chimiques furent terminées que fut dressé à Brives le procès-verbal, dans lequel il est dit que les substances avaient été scellées en présence de l'accusée.

4° Enfin, il faut rattacher à ceci encore une déclaration du docteur de la Corderie, d'après laquelle il avait fait observer aux autres médecins présens à l'autopsie, que l'on avait tort de mettre les liquides dont il fallait faire l'analyse dans des vases oxidés.

C'est maintenant que nous devons examiner quelle importance on peut attacher aux déclarations des experts de Brives qui disent avoir trouvé de l'acide arsénieux dans l'estomac et dans les liquides qu'il contenait.

D'après la législation prussienne on ne devrait y avoir aucun égard. Le code prussien d'instruction criminelle dit positivement dans le § 167 :

« S'il existe des soupçons que le décédé a perdu la vie par l'effet du poison, il faudra que les restes du poison supposé que l'on aura trouvés, ainsi que les substances suspectes que l'on aura rencontrées dans l'estomac et dans le canal alimentaire, soient éprouvées par le médecin d'après les principes de la chimie ; et le juge devra prendre un soin tout particulier pour que les substances solides ou fluides qui devront être examinées ne soient pas échangées ou altérées, mais que leur identité soit mise hors de doute. A cet effet quand l'analyse chimique ne pourra pas avoir lieu en présence du juge, les substances devront être remises aux deux experts, scellées, procès-verbal devra en être dressé et elles devront être rendues avec les mêmes formalités. »

Il est inutile de remarquer que ce qui s'est fait dans cette occasion n'a répondu à aucune de ces exigences.

Mais la législation française ne pose aucune règle fixe sur la manière de prouver le fait dans les cas d'empoisonnement. Les jurés doivent se borner à interroger leur conscience pour savoir si d'après les circonstances qui leur ont été soumises, ils veulent ou non déclarer le fait constant. En attendant, en se livrant à cette opération de l'esprit, il faut au moins qu'ils suivent les règles du bon sens. Et nous aussi, à qui il n'est point permis d'appliquer, dans cette occasion, les règles du droit prussien, quelque sages qu'elles soient, il faut que nous examinions si, d'après ces règles du bon sens, on peut acquérir, des opérations que nous venons de rapporter, la conviction qu'il y ait eu de l'arsenic dans le corps de Lafarge.

Or, nous sommes obligés de répondre sans hésiter négativement à cette question. Voici quels sont nos motifs :

1° Les vases dans lesquels furent placés l'estomac et les liquides qu'ils contenaient, d'une part n'avaient point été cachetés et tout le monde y avait un libre accès; et d'autre part l'estomac surtout avait été enveloppé avec très peu de soin, d'une mauvaise toile.

Ils furent ensuite déposés, sans aucune surveillance, dans une chambre ouverte, à laquelle des clercs, et Dieu sait combien d'autres individus encore avaient un libre accès. L'estomac et les liquides étaient donc à la portée d'une foule de gens, et rien ne garantit qu'ils aient été soumis à l'analyse à Brives, dans le même état dans lequel ils avaient été retirés du corps au Glandier.

Rien ne prouve que, dans cet intervalle, un tiers n'y ait pas introduit de l'arsenic. L'avocat-général remarque, à la vérité, à ce sujet que personne n'avait intérêt à détériorer ces substances, c'est-à-dire à y mêler de l'arsenic. Mais jamais l'avocat-général ne prononça un mot plus inconsidéré. Nous ferons voir plus loin que bien des gens avaient un intérêt puissant et personnel à jeter sur l'accusée le soupçon d'empoisonnement ; ou bien, si l'avocat-général prétendait le nier, nous dirons, à faire naître au moins un soupçon d'empoisonnement contre qui que ce fût. Sans cela comment aurait-on dès l'abord commencé une instruction sur le fait d'empoisonnement ? Or ces mêmes gens qui avaient intérêt à faire naître ce soupçon en avait aussi, et dans la même proportion, à mêler du poison à ces substances ! s'il s'agissait de prêter un serment solennel, qui oserait, sans crainte de parjure, déclarer qu'il ne croit pas que l'on ait mêlé du poison à ces substances, surtout quand on réfléchira qu'à côté de ces substances, dans le même panier, il y avait une quantité considérable d'arsenic que personne ne surveillait, et d'un accès aussi facile que le reste ? Or le verdict du jury est-il autre chose qu'un serment semblable ?

2º Mais nous voulons bien pour un moment reconnaître que l'avocat-général ait raison ; personne n'avait intérêt à mêler du poison à ces substances et par conséquent personne n'y en a mêlé intentionnellement. Mais pour cela ne doit-on pas admettre la possibilité, la probabilité même d'un mélange fortuit. Cette probabilité n'est-elle pas au contraire fort grande? L'analyse chimique dont nous avons rendu compte a prouvé qu'un grand nombre de substances prises au Glandier contenait de l'acide arsénieux. Il se trouvait en abondance dans le lait de poule; il y en avait dans l'eau panée ainsi que dans l'eau sucrée. Toutes ces substances empoisonnées avaient été mises dans un panier avec l'estomac et les liquides qu'il contenait, et étaient aussi mal enfermées que l'estomac et ses liquides eux-mêmes. Avec quelle facilité le poison ne pouvait-il pas dans ce panier se communiquer d'une substance empoisonnée à une autre qui ne l'était pas? Qui oserait en ce cas charger sa conscience du serment que cela n'a pas eu lieu?

3° Au Glandier, ainsi que nous l'avons vu dans le récit ci-dessus, l'arsenic se trouvait partout dans la plus grande profusion. Qui pourrait garantir que là déjà du poison n'ait pas été introduit dans l'estomac et dans les liquides, soit à dessein, soit par hasard, et avant que ces substances n'aient été transvasées et mises dans le panier? La conduite et les opérations des médecins et des magistrats ne donnent aucune assurance du contraire, à moins qu'on ne voulût la chercher dans la plus grande négligence et dans la fausseté. Quant à la négligence, elle est assez prouvée par ce que nous avons rapporté. Ceux qui dans des opérations de la plus grande importance, et d'où peut dépendre la vie d'une personne, peuvent agir avec l'incroyable légèreté qui s'est manifestée dans la manière dont les pièces de conviction décisives ont été emballées et conservées, ceux-là ne devraient point s'étonner si on les soupçonne aussi de négligence et de légèreté dans d'autres circonstances. Voici entre autres une preuve jusqu'à quel point ils en ont réellement été coupables et combien peu l'on doit avoir de confiance aux procès-verbaux qui ont été dressés. L'avocat-général, dans la crainte que les experts de Tulle, Dubois et les autres, dont il sera question plus bas, ne trouvassent point de poison dans le reste de l'estomac qu'ils venaient d'analyser, adressa, dans la séance du 8 septembre, au docteur Bardou, la question suivante : « l'estomac a-t-il été lavé lors de l'autopsie ? » Cette question étant résolue affirmativement, le magistrat comptait en tirer la conclusion que le poison avait pu disparaître par ce lavage. Mais il ne put obtenir de certitude à cet égard. A la vérité, Bardou dit d'abord que l'estomac avait été lavé, mais Lespinasse ne voulut point l'avouer, et soutint que l'on s'était contenté de frotter l'estomac avec les doigts pour enlever les glaires et autres matières étrangères qui s'y étaient attachées. Cette circonstance ne fut donc point établie. Le procès-verbal authentique n'en disait rien.

La fausseté! la fausseté intentionnelle des opérations judiciaires est encore plus évidente. Le procès-verbal dressé par le juge d'instruction et par le greffier attesta que les liquides rassemblés et l'estomac ont été fermés en présence de l'accusée, par des étiquettes cachetées en cire rouge. Mais le même greffier qui a écrit ce procès-verbal, est obligé de reconnaître plus tard devant les assises, que ce scellé n'a point été apposé et que le procès-verbal n'a été mis par écrit, que six jours entiers plus tard, c'est-à-dire, le 24 janvier.

Quelle confiance peut-on accorder à des fonctionnaires si peu consciencieux? Certes on peut, sans se faire intérieurement le plus léger reproche, refuser toute croyance à leurs déclarations.

Il n'existe donc aucune garantie quelconque que, par suite d'une négligence plus grande encore ou même d'une intention malveillante, de l'arsenic n'ait pas été introduit au Glandier même, dans l'estomac et dans les liquides qu'il contenait. Le poison, il faut bien le répéter, abondait au Glandier. Avec combien de facilité ne pouvait-il pas, par le seul effet de la négligence, s'en introduire dans ces substances, d'autant plus que des substances incontestablement empoisonnées se sont trouvées en même temps que celle-là, dans les mains du même juge, des mêmes médecins? Il y avait d'ailleurs au Glandier, en admettant pour un moment l'innocence de l'accusée, et son crime n'était pas encore prouvé, nécessairement quelqu'un qui avait intérêt à faire naître le soupçon d'empoisonnement. Avec quelle facilité cet individu ne pouvait-il pas profiter de la négligence du juge et des médecins, jeter, sans être aperçu, un grain d'arsenic dans ces substances? Nous ne voulons pas aller plus loin dans nos suppositions de possibilités et de probabilités. Mais nous croyons seulement devoir rappeler que les annales des procès criminels contiennent plus d'un fait de ce genre, et que c'est précisément pour cela que le code d'instruction criminelle de la Prusse, prescrit des règles si sévères, sans l'observation desquelles aucun fait positif ne peut être établi et par conséquent aucun crime ne peut exister.

4° Avec quelle facilité le poison encore ne pouvait-il pas s'introduire dans l'estomac et dans les liquides, pendant l'analyse chimique elle-même? Les diverses substances ont été analysées l'une après l'autre; et d'après le rapport des experts on doit conclure que ces deux substances ont été analysées les dernières. N'est-il pas possible, probable même, vu la négligence avec laquelle les experts de Brives agissaient, que de l'arsenic contenu dans les substances analysées les premières et qui étaient certainement empoisonnées, une partie sera restée attachée aux vases dont on s'est servi ou se sera mêlée aux réactifs, et introduite dans les substances soumises plus tard à l'analyse.

5° Mais nous voulons admettre, pour un moment, que les opérations du juge et des experts ont eu lieu partout avec le plus grand soin et la plus parfaite légalité; que l'introduction de l'arsenic dans l'estomac et dans les liquides qu'il contenait n'était pas du tout possible, et, à plus forte raison, pas vraisemblable; mais pour cela nous n'en conclurons pas davantage qu'il y ait réellement eu de l'arsenic dans ces substances. Moins nous faisons de reproches à la manière d'opérer des médecins, plus nous devons récuser leurs opinions. Elles sont contraires à toutes les exigences de la science et de la raison. Chez tous les peuples civilisés, les professeurs de médecine légale ont depuis longtemps reconnu comme une vérité incontestable que la preuve d'un empoisonnement par l'arsenic, n'existe que quand l'arsenic a été trouvé dans le corps. De même aussi, tous les chimistes sont depuis longtemps d'accord que la découverte de l'arsenic dans le corps, ne devient certaine que par la *réduction à la forme métallique* de la substance trouvée et prise pour de l'arsenic. Parmi les médecins allemands, Adolphe Henke a depuis plusieurs années soutenu cette thèse (Voyez ses *Elémens de médecine légale*, § 649, 662). Parmi les Français, Orfila la défend depuis la même époque, et a notamment répété cette assertion dans les débats du procès actuel. Or, les experts de Brives ont-ils pu reproduire sous la forme métallique la moindre partie de l'arsenic qu'ils disent avoir trouvé dans l'estomac et dans le liquide qu'il contenait, ou bien dans les matières vomies par le décédé? Ils le soutiennent. Mais si nous avons vu, dans tout ce qui s'est fait jusqu'à présent, la légèreté, le manque de soin les plus grands, cette même légèreté, ce même manque de soin se retrouvent dans les assertions des médecins. Qu'il me soit permis de les examiner. D'après le rapport ci-dessus, ils ont analysé huit substances différentes. D'abord le lait de poule: ils y ont trouvé de l'arsenic métallique; secondement, l'eau panée: ici leurs opérations leur ont fait voir quelques points brillans. A ce sujet, ils disent, d'abord: « Ces points sont-ils de l'arsenic métallique? — *Nous le croyons !* » — Puis, quand ils réunissent les résultats de leurs analyses, ils disent péremptoirement que l'eau panée *renfermait* de l'acide arsénieux. Il est impossible de rien soutenir avec plus de légèreté. Et il s'agit de la vie d'une personne ! Troisièmement, l'eau sucrée : ici on n'a point trouvé du tout d'arsenic métallique; et pourtant ils disent bien positivement qu'elle *contenait* aussi de l'acide arsénieux. On a certes bien le droit de demander : d'où les experts de Brives ont-ils appris cela ? Serait-ce par le précipité jaune serin ? Par des épreuves que des traités élémentaires de chimie du siècle dernier ont déjà reconnues comme insuffisantes ? Quatrièmement, cinquièmement et sixièmement, la bière, l'eau gommée et le sucre en poudre : on n'y a trouvé aucune trace d'arsenic. Septièmement, les matières vomies : ici ils déclarent aussi qu'il n'y avait point d'arsenic, ou du moins qu'ils n'avaient pas pu en trouver par le moyen des réactifs qu'ils avaient employés. Huitièmement enfin, l'estomac et le liquide qu'il contenait; ici les experts disent qu'ils y ont trouvé de l'acide arsénieux! Ils se déclarent, en conséquence, positivement pour la présence de l'arsenic. D'après ce que nous venons de voir à l'égard de l'eau panée, on ne saurait attacher beaucoup de poids à cette décision, à moins que l'analyse n'ait offert pour cela des motifs tout-à-fait satisfaisans et reconnus par la science. Mais qu'est-ce que l'analyse a présenté? Un précipité jaune serin, rien de plus; car au moment où l'on allait pousser plus loin l'analyse, le tube de verre a éclaté, dans lequel se trouvait les substances à analyser, et celles-ci sont tombées dans le feu et ont été perdues,

La matière des vomissemens, ainsi que nous l'avons remarqué, ne contenait point d'arsenic. D'après cela pour savoir si le corps de Lafarge renfermait de] l'arsenic, il ne reste que l'estomac et ses liquides, la présence de l'arsenic dans ces substances ne se déduit que du précipité jaune serin dont nous avons parlé. Mais nous venons de voir qu'il n'y a pas de preuve plus trompeuse que celle du précipité jaune. Tous les chimistes le savent depuis longtemps, et Orfila, lui-même, a cité, dans le cours de ce même procès, un cas où des médecins avaient conclu de ce précipité jaune à la présence de l'arsenic, tandis que lui, Orfila, en essayant la reproduction sous forme de métal, avait reconnu qu'il ne s'y trouvait pas un atome d'arsenic.

Nous n'avons plus rien à dire sur les experts de Brives. Espérons pour le salut de l'humanité qu'aucun procès criminel ne présentera plus d'analyse semblable. Mais il nous est impossible de taire une observation qui renferme un grave reproche pour les tribunaux français: savoir qu'aucune cour de justice de Prusse ni de quelque partie de l'Allemagne que ce soit, n'aurait intenté un procès criminel, fondé sur une semblable expertise. Et la Cour royale de Limoges a fondé sur elle une accusation.... capitale!

Nous pouvons déclarer avec la plus entière conviction que si, par les analyses faites à Brives, l'absence du poison dans le corps de Lafarge n'est pas prouvée, sa présence l'est beaucoup moins encore. Il nous est *impossible* de craindre que la science nous contredise à cet égard.

Par la même raison aucun profane ne peut en conscience être convaincu du contraire.

Une seconde analyse chimique a eu lieu, il faut par conséquent que nous en examinions les résultats.

D'après les règles de l'instruction criminelle en France, il faut que toutes les preuves soient, autant que possible, présentées directement aux jurés.

Dans le procès en question, il a donc fallu pour constater la réalité de l'empoisonnement, que les substances qui devaient servir à cette constatation fussent soumises aussi durant les débats, à une analyse chimique, c'est pour cela qu'à Brives on n'en avait analysé que la moitié. Cette seconde épreuve se fit le 5 septembre par les pharmaciens assermentés, Dubois père et fils et Dupuytren, de Limoges. Mais, chose extraordinaire ! ils n'analysèrent que la moitié des substances restantes, c'est-à-dire le quart du tout. Voici les circonstances particulières qui accompagnèrent cette épreuve.

Les substances qu'il fallait analyser avaient été transportées à Tulle dans une caisse. Le 4 septembre, cette caisse fut ouverte devant les assises et son contenu fut remis aux experts. Mais quelle nouvelle confusion n'y eut-il pas alors ! Les substances étaient renfermées dans des bouteilles de verre, dont à peine une seule était munie d'une étiquette, de sorte que les experts furent dans l'impossibilité de savoir ce qu'ils allaient analyser. Il était surtout impossible de distinguer les liquides qui avaient été contenus dans l'estomac des autres liquides. Pour sortir de cet embarras les experts s'adressèrent aux experts de Brives, qui vu leur première analyse, devaient savoir ce qui en était. Mais cela ne servit de rien. Le docteur Lespinasse surtout ne put rien reconnaître avec certitude. L'avocat-général en appela aux précédens procès-verbaux; ceux-ci n'en disaient pas davantage; on reconnut qu'ils étaient tout-à-fait imparfaits. Tous les rapports, toutes les relations des débats devant les assises attestent cet excès de confusion; on ne saurait en douter un instant, elle dura jusqu'au soir. On crut enfin être sorti d'embarras, et chaque bouteille fut munie d'une étiquette indiquant son contenu.

Les relations publiées ne disent point de quelle manière on est parvenu à débrouiller cette affaire. Elles nous apprennent seulement que les experts de Brives ont enfin désigné les diverses substances, sans indiquer pourtant les signes auxquels ils les reconnaissaient. Les experts de Brives!

Nous ne voulons pourtant mêler aucun doute à cette certitude, bien qu'on ne puisse nier que la confusion que nous venons de décrire, ne diminue singulièrement la confiance que l'on pourrait y avoir. Nous remarquerons seulement que les bouteilles étaient à la vérité cachetées, mais que, par un hasard singulier, on découvrit dans la caisse quelques substances qui n'avaient pas encore été analysées: c'étaient un paquet de poudre blanche et un paquet de cantharides, dont nous avons parlé plus haut. On affirma en même temps que ces cantharides avaient été trouvées dans un tiroir secret d'un secrétaire au Glandier.

Toutefois cette seconde analyse fut faite d'une manière plus approfondie. Après que l'on eut fait voir à l'accusée que les cachets de chacune des bouteilles étaient intactes, les experts commencèrent leurs opérations. Par une prudente réflexion, ils les séparèrent et commencèrent par analyser l'estomac, les liquides qu'il contenait et ceux qui provenaient des vomissemens, afin de ne point exposer, comme l'avaient fait les experts de Brives, ces importantes pièces de conviction à la communication de l'arsenic des autres substances empoisonnées.

Voici en quels termes le rapport des experts s'exprime sur la première analyse, c'est-à-dire sur celle de l'estomac, des liquides qu'il contenait, et des matières provenant des vomissemens.

« M. Dubois prend la parole au nom des experts : Nous commençons, dit-il, par remettre à M. le président la moitié des matières organiques qui nous avaient été confiées par la Cour.

« Nous nous sommes, monsieur le président, livrés aux recherches qui nous ont été confiées avec le plus grand soin, la plus religieuse attention, la plus grande exactitude.

« Nous nous sommes d'abord occupés de l'examen de l'estomac; nous avons employé plusieurs procédés.

Nous avons d'abord procédé selon la méthode indiquée par les ouvrages en vogue qui sont de M. Orfila. Nous avons charbonné une partie de ces matières, nous les avons soumises ensuite à un lavage, et nous avons mis dans l'appareil de Marsh ce charbon entraîné par ce lavage. Nous n'avons obtenu aucun résultat, quelle qu'ait été notre attention, quelles qu'aient été les minutieuses recherches auxquelles nous nous sommes livrés.

« Voici notre seconde opération : Nous avons traité l'estomac sans aucun réactif chimique, nous l'avons traité par l'eau distillée bouillante, afin de nous emparer de toutes les matières solubles : c'est là le moyen le plus rationnel, celui qui laisse le moins de vague dans les idées. Nous avons soumis cette eau filtrée à des réactifs, et nous n'avons encore obtenu aucune manifestation d'arsenic.

« Nous avons ensuite analysé les liquides contenus dans l'estomac. Ces liquides contenaient en suspension une matière brune d'une odeur nauséabonde, et présentant une densité supérieure à celle de l'eau. Je parlerai plus tard de cette matière brune qui a une grande importance. Nous avons soumis ces liquides à l'appareil de Marsh, et nous l'avons laissé chauffer pendant plus d'une heure. Cette opération ne nous a pas fourni la moindre tache métallique.

« Nous avons ensuite traité cette substance dans son état d'intégrité, afin qu'on ne pût pas reprocher aux réactifs chimiques qui auraient pu apporter quelque confusion dans l'opération, de s'être mêlés aux résultats. Une heure d'exposition au feu, dans l'appareil de Marsh, a été inutile, nous n'avons pas obtenu de tache arsénicale.

« Nous nous sommes occupés de rechercher quelle était cette matière brune suspendue dans le liquide, nous en avons soumis une portion à l'action des réactifs, et nous avons reconnu que ce liquide contenait du sel de fer en grande quantité non dissous.

« Nous n'en avons pas trouvé dans l'organe de l'estomac; nous avons reconnu là la présence des matières ferrugineuses employées comme contre-poison.

« Les liquides, résultat des vomissemens, ont été soumis à l'évaporation, afin de diminuer le volume du liquide; ce qui en est resté a été soumis à l'appareil de Marsh; il n'en est résulté aucun atome de préparation arsénicale. »

Les experts ont ajouté à ce rapport les éclaircissemens suivans : Ils ne se sont servis de l'appareil de Marsh qu'après avoir opéré, autant que possible, sans réactifs chimiques. L'emploi de ces réactifs donne des résultats que l'on ne peut pas toujours contrôler à cause des combinaisons chimiques. Le précipité jaune serin ne peut pas être considéré avec certitude comme du sulfure d'arsenic.

Les experts ne trouvaient donc pas de poison ni dans l'estomac, ni dans les liquides qu'il contenait, ni dans les matières des vomissemens. Ils déclarèrent même décidément l'absence de l'arsenic dans toutes ces substances, en ajoutant que leur manière d'opérer aurait infailliblement fait paraître le plus petit atome d'arsenic qui s'y serait trouvé. Ils sont parvenus à ce résultat en suivant la règle et d'après l'expérience des découvertes les plus récentes de la science, c'est-à-dire par l'emploi le plus soigneux de l'appareil de Marsh. Il n'y a aucun reproche à faire à leurs opérations, et par suite aucun motif de douter de la justesse de leur opinion. La seule objection que l'on pourrait y faire, c'est qu'elle est diamétralement opposée à l'avis des experts de Brives. Mais les experts de Limoges expliquent eux-mêmes cette contradiction de la manière la plus satisfaisante. Les experts de Brives ne s'étaient pas placés sur le terrain des découvertes les plus récemment faites dans la science. Ainsi ils s'étaient contentés de ce précipité jaune serin, qui n'offre aucune sécurité, sans pousser leurs recherches jusqu'à l'arsenic sous forme de métal, seule preuve qui soit irrécusable. Leur opération n'était pas contradictoire, mais imparfaite. Les experts de Brives eux-mêmes n'ont rien pu alléguer contre cette opinion; le docteur Lespinasse seul a essayé d'élever contre elle quelque faible doute, en soutenant que la méthode suivie par lui et par ses collègues est encore décrite dans les dictionnaires de médecine les plus modernes, et en exprimant le désir qu'une nouvelle commission d'experts fût nommée et, pour qu'elle ait encore quelque opération à faire, que le corps de Lafarge fût exhumé.

Il faut d'abord que nous rapportions ici le résultat de la seconde analyse des substances remises aux experts de Limoges.

Voici ce qu'ils en disent dans la séance du 11 septembre.

« La tasse où était le lait de poule contient une quantité considérable d'acide arsénieux jeté là à profusion. Dans ce qui reste au fond du vase, il y a de quoi empoisonner au moins dix personnes.

« Deux cruchons de bière qui ne contiennent pas d'arsenic.

« L'eau gommée contient de l'arsenic en très petite quantité.

« L'eau panée en contient également, mais peu.

« L'eau sucrée ne renferme pas d'arsenic.

« Le paquet de poudre de M. Lespinasse est de l'arsenic pur.

« La poudre blanche remise par M. Fleygnac est de la gomme mêlée avec de l'arsenic en petite quantité. Dans cette substance les chimistes n'avaient point trouvé d'arsenic.

(Le rapport des experts transcrit ci-dessus ne contient, à la vérité, rien à ce sujet; il n'en a été question que durant les débats devant les assises.)

« Le paquet trouvé dans le jardin est du bicarbonate de soude.

« Un petit paquet de fécule, sans arsenic.

« Sulfate de quinine, sans arsenic.

« La poudre verte d'Eyssartier est du vert de scel.

« Un paquet de sucre, un paquet de crême de tartre, sans arsenic.

« La mort-aux-rats, qui est une pâte d'amandes pétrie

avec un peu de farine, ne renferme ni arsenic ni bicarbonate de soude.

« Le paquet de flanelle ne contient pas d'arsenic.

« Les chimistes de Brives avaient trouvé de l'arsenic dans la flanelle.

« Le dernier paquet étiqueté cantharides en contient effectivement. »

Les experts avaient obtenu aussi ces résultats par la même méthode scientifique. Toutes les fois qu'ils disaient avoir réellement trouvé de l'arsenic, ils confirmaient leur dire en montrant le poison réduit à la forme de métal. Tantôt c'étaient des taches métalliques sur de la porcelaine, tantôt même des grains d'arsenic en nature. Dans l'estomac, dans les liquides qu'il contenait et dans les matières des vomissemens il n'y avait pas de traces d'arsenic. On avait opéré sur les substances d'une manière aussi soigneuse que légale. Par là, le résultat, contraire en apparence, que l'on avait précédemment obtenu se trouvait réduit à rien et complétement réfuté.

Tous les faits qui auraient pu établir l'empoisonnement manquaient donc. Il n'y avait dès-lors que deux partis à prendre. Ou bien il fallait sur-le-champ acquitter l'accusée, ou il fallait, par de nouvelles recherches, essayer d'arriver à un résultat différent. Si ces nouvelles recherches étaient encore possibles, on ne saurait disconvenir que cette voie ne fût la seule qu'il convînt de suivre. Car le but d'un procès criminel est de reconnaître et d'établir aussi clairement que possible la vérité. En conséquence, tant qu'il reste un seul moyen d'y parvenir, c'est ce moyen qu'il faut employer. Dans l'espèce, il y en avait un. L'avocat-général a eu raison de le demander et la cour de l'accorder.

Après que l'on eut obtenu le résultat ci-dessus, il fut ordonné, dans la séance du 6 septembre, sur le réquisitoire de l'avocat-général, que le corps de Lafarge serait exhumé du cimetière de Reygnac près du Glandier où il était enterré, afin qu'il pût servir à de nouvelles recherches pour parvenir à la découverte du poison. Le pharmacien Dubois, fils, fut chargé de cette opération concurremment avec les docteurs Massenat et Lespinasse; le juge de paix du canton de Lubersac devait leur être adjoint pour la légalité de la chose; l'avoué Peyredieu y assista de la part de l'accusée. Les susdits experts se mirent en route sur-le-champ et exécutèrent leur commission dès le 7 septembre. Le juge de paix en dressa un procès-verbal en règle. Tout s'exécuta avec l'attention, l'exactitude et la légalité la plus parfaite. L'identité de la fosse fut attestée par le maire de la commune, par les quatre porteurs qui avaient mis le corps en terre, par le bedeau et par le fossoyeur; tous ces individus prêtèrent serment conformément à la loi. L'identité du cercueil fut attestée par ces mêmes personnes et en outre par le charpentier qui l'avait fait. D'après les apparences, ainsi que d'après la déclaration des personnes susdites, la tombe et le cercueil se trouvaient encore dans le même état qu'à l'époque de l'enterrement; l'un et l'autre étaient bien fermés. Seulement le cercueil présentait au bas et sous les épaules une fente d'un centimètre et demi de large et de dix centimètres de long. Il ne s'offrit qu'une seule circonstance remarquable, savoir que la tombe de Lafarge s'était affaissée, tandis que celle d'une femme, appelée Durand, enterrée à Pâques 1840, s'était bombée d'une hauteur de dix centimètres. La cause de ces phénomènes n'a point été démontrée. Le corps lui-même fut reconnu d'une manière incontestable aux blessures qui lui avait été faites lors de l'autopsie.

Les experts enlevèrent au corps les parties suivantes pour servir aux nouvelles recherches.

1° Le foie et le cœur.

2° L'intérieur de la poitrine et des entrailles.

3° De la chair musculaire de la cuisse gauche.

Ces trois substances furent placées chacune dans un pot tout neuf de porcelaine blanche, soigneusement recouvert de parchemin et de toile, et convenablement étiqueté.

4° Un morceau du suaire, dont le corps était enveloppé, et qui fut bien enfermé dans un gobelet.

Ils prirent aussi :

5° De la terre recueillie sous le cercueil sur toute la longueur de la tombe.

6° De la terre recueillie immédiatement au-dessus du couvercle du cercueil.

7° De la terre recueillie au-dessus de la tombe, immédiatement au-dessous du sol.

Ces diverses terres furent placées dans un pot-de-terre soigneusement fermé.

Tous ces vases furent scellés. Ils furent portés en cet état à la cour d'assises, et quand on eut reconnu que les cachets étaient intacts, ils furent remis aux experts pour leurs recherches. Auparavant, et pour surcroît de précautions, leur identité fut attestée par le greffier du juge-de-paix de Lubersac et par le gendarme qui avait été présent à la pose des scellés. Ces diverses substances subirent ensuite une analyse chimique. Les opérations furent non-seulement faites par les experts de Limoges, mais revues, conjointement avec eux, par les experts de Brives (à la seule exception du docteur Bardou, qui ne put y assister à cause de la maladie de son enfant), et par deux chimistes de Tulle qui étaient restés jusqu'alors étrangers à toutes les recherches. On voit d'après cela qu'à cette opération étaient représentés, toutes les opinions exprimées jusqu'alors, et de plus deux autres avis nullement prévenus et certainement impartiaux.

Le rapport suivant fait connaître de quelle manière ces experts réunis ont opéré, et quel a été le résultat de leurs opérations; il a été fait dans la séance du 9 septembre, par le docteur Dupuytren, au nom de tous.

« Nous avons partagé notre opération en deux parties principales, lesquelles ont été subdivisées en plusieurs autres.

« Dans la première, nous avons examiné le foie par le procédé Orfila; nous l'avons traité par l'acide nitrique. Nous l'avons mis dans une capsule de porcelaine, et nous avons fait évaporer jusqu'à siccité. Nous avons mêlé aux résidus trois fois leur poids d'acide nitrique pur, marquant 41 degrés : cette matière a été chauffée jusqu'à siccité. Traitée ensuite par l'eau distillée, elle a pris la forme de charbon à points brillans; ce résultat était environ du poids de deux onces. Nous avons filtré le liquide, et soumis le résidu aux opérations suivantes :

« Traité par l'hydrogène sulfuré, il a donné un précipité brun, léger, soluble dans l'ammoniaque, et qui cependant a reparu un peu plus tard, mais faiblement;

« Traité par le sulfate de cuivre ammoniacal, il a donné un précipité légèrement verdâtre;

« Traité par le nitrate d'argent, il a donné un précipité neutre, jaune;

« Traité par le nitrate d'argent ammoniacal, il a donné un précipité jaunâtre ;

« Ces précipités, par le contact de l'air, ont pris une couleur brunâtre.

« Nous avons introduit ces résidus dans l'appareil de Marsh, et après mainte expérience, nous n'avons obtenu aucune tache arsénicale.

« Cependant quelques-uns des experts ont cru, pendant qu'on faisait usage de l'appareil de Marsh, sentir par moment une légère odeur alliacée. Deux de ces messieurs ont obtenu, sur les capsules exposées à la flamme, une légère teinte brunâtre qui s'est dissoute dans l'acide nitrique, mais n'a produit, par l'hydrogène sulfuré, aucun résultat.

« Le cœur, les intestins, la rate, ont été traités d'après le système de M. Devergie; mis dans l'eau distillée, ils ont été bouillis pendant six heures. On avait le soin de renouveler l'eau distillée à mesure de l'évaporation. Cette liqueur a été filtrée froide et évaporée jusqu'à siccité. Reprise par l'eau bouillante, elle a été évaporée de nouveau; c'est cette dernière liqueur évaporée jusqu'à consistance convenable que nous avons soumise à l'action des mêmes réactifs. Nous n'avons obtenu que des précipités analogues à ceux que nous avions eus dans la première opération. Soumis à l'appareil de Marsh, ils n'ont donné aucune trace arsénicale.

« L'autre partie de ces mêmes matières a été traitée par le procédé Orfila, c'est-à-dire par l'acide nitrique. Nous avons répété sur ces substances les opérations précédemment décrites et encore une fois nous n'avons obtenu aucune trace d'arsenic.

« Nos conclusions prises à l'unanimité sont : qu'il n'y a pas d'arsenic dans aucune des substances animales soumises à notre examen. »

A la demande formelle du président, le docteur Dupuytren ajoute à ce rapport que l'analyse chimique s'est étendue sur toutes les parties du corps.

On voit par tout ce qui s'est fait que cette troisième analyse a été préparée et conduite, de toutes parts, avec la plus grande précaution et d'après les méthodes les plus rationnelles. Il n'y a pas le moindre reproche à faire, soit au rapport, soit aux médecins. Il faut reconnaître aussi que le résultat de leurs recherches, est dans un accord parfait avec les exigences et les principes de la science. Ce résultat est clair. A la vérité quel ques-uns des experts croient, pendant l'emploi de l'appareil de Marsh, sentir par momens une légère odeur d'ail, et l'on sait que l'arsenic, en s'évaporant, émet une odeur semblable. Mais on sait aussi qu'aucun chimiste, et bien moins encore un médecin employé judiciairement, ne se permettrait de déduire de cette seule circonstance la présence de l'arsenic. D'un autre côté, dans l'état actuel des connaissances chimiques, il n'est pas possible de croire que là où l'arsenic existe en si petite quantité que l'appareil de Marsh ne le révèle point, quand même on commettrait quelque erreur dans son emploi, il puisse néanmoins émettre une odeur d'ail.

Cette troisième analyse, faite par un grand nombre d'experts, d'après toutes les exigences et les règles de la science, a donc encore donné le même résultat, savoir qu'il n'y avait point d'arsenic dans le corps de Lafarge.

Que fallait-il faire alors? Quelle influence cette issue devait-elle avoir sur l'accusée et sur l'accusateur?

Le code de Procédure criminelle de Prusse a veillé sur le sort des accusés par des règles fixes et inviolables; il les a protégés par des préceptes positifs contre l'arbitraire de quelque côté qu'il pût venir. Il l'a fait aussi dans les cas où les avis judiciaires des médecins contiendraient des obscurités ou des contradictions. Dans ces cas il a établi sagement divers degrés de juridiction. Si ces obscurités ou ces contradictions se trouvent dans le rapport du médecin ordinaire du tribunal, ou bien si le juge, pour quelque motif que ce soit, n'est pas satisfait de son avis et de la manière scientifique dont il l'a motivé, son droit et même son devoir est d'en appeler à l'avis du médecin légiste de la province. Et si cet avis encore ne le satisfait pas, il peut encore en dernière instance en référer au collége médical suprême à Berlin, qui forme aujourd'hui une division spéciale du ministère des cultes. En attendant tous ces avis encore ne forcent pas la conviction du juge; il conserve malgré eux son libre arbitre, dès qu'il croit y voir des conclusions et des conséquences qui ne lui paraissent pas conformes aux lois générales d'une pensée raisonnable.

Dans l'espèce, il n'y avait point de contradictions; car les experts de Brives, eux aussi, déclarèrent âprès les dernières opérations auxquelles ils avaient eux-mêmes pris part, qu'ils étaient convaincus que le corps ne contenait pas de poison. L'incrédule docteur Lespinasse, lui qui était si complétement préoccupé de la pensée de l'empoisonnement, avait aussi été obligé de convenir que l'on n'avait point découvert de poison. Il n'y avait pas non plus d'obscurité dans l'affaire. Les opérations, àinsi que la conclusion à laquelle elles avaient donné lieu, se montraient avec clarté et étaient claires par elles-mêmes. Enfin, il n'existait point d'imperfections techniques, point de fautes de logique, car on avait agi d'après les découvertes les plus récentes de la chimie, rationnellement, par l'appareil de Marsh, et il n'y avait pas le plus léger soupçon de défaut ou d'erreur dans l'opération. Il n'existait donc pas un seul motif pour en appeler à une autorité supérieure.

D'après la législation prussienne, le procès se serait terminé sur-le-champ et l'accusée aurait dû nécessairement être complétement acquittée.

Le code de Procédure criminelle de France ne connaît pas ces garanties contre l'arbitraire du juge ou contre l'ignorance des médecins; et c'est pour cette raison que notre gouvernement a introduit les réglemens du code prussien, sous ce rapport, dans les provinces rhénanes. Dans la procédure française, c'est à la volonté arbitraire de la cour qui dirige les assises, à décider, en pareil cas.

L'avocat-général ne se contenta pas de la conclusion à laquelle étaient arrivés les experts réunis. Il voulut avoir encore un quatrième avis, et le tribunal ordonna qu'il serait demandé. Il nomma pour nouveaux experts, le chimiste Orfila, doyen de la faculté de médecine de Paris, Devergie et Chevallier : le premier est le savant le plus célèbre; les deux autres jouissent d'une haute réputation. Cependant ces deux derniers n'ayant pu se rendre à l'appel, furent remplacés par deux chimistes de Paris, de Bussy, professeur de chimie à l'école de pharmacie, et Ollivier (d'Angers), médecin, deux hommes dont les noms sont inconnus, du moins en Allemagne.

Les experts devaient opérer avec les parties du corps qui restaient après les opérations précédentes.

Il n'y a aucune observation à faire contre l'appel d'un avis plus élevé. La loi n'ayant point posé de règles fixes à cet égard, le juge doit pouvoir se servir de tous les moyens permis; c'est même pour lui un devoir de les employer, du moment où ils peuvent contribuer à porter dans son esprit la conviction de la vérité. Mais où était ici la garantie qu'il approcherait réellement davantage de la vérité? Quelle certitude y avait-il que l'opinion de ces nouvelles personnes serait réellement un jugement supérieur? Comme il n'y a aucun autre motif pour cela, cette certitude ne peut exister que dans leur renommée scientifique.

Nous ne demanderons pas ce qui a pu donner au tribunal, qui, en définitive, ne se composait pas de chimistes, la garantie que les connaissances et le mérite de ces personnes égalassent réellement leur réputation? Nous admettons, pour un moment, qu'ils eussent le droit de prêter l'oreille à la voix publique souvent trompeuse. Mais Orfila *seul* avait une réputation scientifique. Les noms d'Ollivier et de Bussy sont aussi inconnus dans la chimie que ceux de Dubois, de Lespinasse, etc. Orfila demeurait donc seul comme arbitre souverain : c'est-à-dire un seul homme contre huit! Orfila jouit sans doute d'une haute renommée. Mais une renommée, si haute qu'elle soit, peut-elle peser dans la balance contre la vérité de ce principe que le témoignage d'un seul homme est toujours moins fort que les témoignages réunis de plusieurs? principe sur lequel reposent toutes les législations en ce qui regarde la preuve juridique! Sous ce rapport encore nous ne voulons pas blâmer l'ordonnance du tribunal. Nous nous en tiendrons aux résultats.

Les chimistes de Paris parurent le 13 septembre devant les assises. Ils prêtèrent serment et les substances à analyser leur furent remises. Elles consistaient dans le quart restant de l'estomac déjà examiné par les experts de Brives et de Limoges, dans le quart des liquides qui y avaient été contenus et des matières vomies, et en outre dans la moitié des parties du corps enlevées après l'exhumation. Les nouveaux experts firent leurs opérations sur ces substances, en présence de tous les experts qui jusqu'à ce moment avaient fait des rapports.

Dans la séance du 14 septembre, Orfila communiqua au tribunal, en son nom et en celui de ses collègues, un rapport que ceux-ci confirmèrent dans toutes ses parties. Ce rapport a été rendu de deux manières différentes par les feuilles publiques. Vu son importance, nous croyons devoir transcrire ici les deux rédactions.

Voici l'une :

« *Examen de l'estomac, des matières qu'il contenait et des liquides vomis.*

« Nous avons réuni le tout dans une capsule de porcelaine, et évaporé jusqu'à siccité, le produit a été carbonisé par l'acide nitrique pur, marquant 41 degrés à deux aréomètres. Le charbon a subi pendant une heure l'action de l'eau distillée vomissante: nous avons obtenu ainsi un liquide que nous avons filtré et introduit dans un appareil de Marsh. Nous n'avons pas tardé à recueillir un nombre assez considérable des petites taches brunes, brillantes, arsénicales.

« *Examen des débris des viscères retirés du cadavre lors de l'exhumation.*

« Ces débris consistaient en une portion du foie, du mésentère, auquel adhéraient quelques lambeaux de l'intestin, une moitié du cœur et une petite quantité de matière cérébrale. Nous y avons joint 6o grammes du foie précédemment desséché par MM. les experts.

« Toutes ces matières organiques ont été soumises à l'ébullition dans une grande capsule de porcelaine pendant quatre heures, avec de l'eau distillée. Le liquide a été passé au travers d'un linge préalablement lavé avec de l'eau distillée et évaporé jusqu'à siccité. Le produit de cette évaporation a été carbonisé par l'acide nitrique pur à une douce chaleur. Le charbon résultant de cette opération a été épuisé par l'eau distillée bouillante. Le liquide filtré a été placé dans l'appareil de Marsh. Au bout de quelques minutes, il s'est déposé sur la capsule de porcelaine de petites taches brunes, brillantes d'arsenic métallique et un peu plus nombreuses que dans l'expérience précédente.

« Les matières solides restées sur le linge ont été divisées en deux parties : l'une d'elles a été traitée dans une capsule de porcelaine par l'acide nitrique pur et concentré, et à l'aide de la chaleur, afin de la carboniser. Cette carbonisation n'ayant pu être opérée qu'incomplétement, attendu la présence d'une quantité assez considérable d'une matière savonneuse, analogue au gras de cadavre, nous avons réuni cette portion, en grande partie carbonisée, à l'autre moitié. Le tout a été entièrement mélangé avec une suffisante quantité d'acétate de potasse pur, et projeté par petites portions dans un creuset de Hesse, incandescent, et qui n'avait jamais servi.

« Le résidu de cette combustion, qui était d'une couleur blanche grisâtre, après avoir été détaché du creuset, a été soumis à une ébullition prolongée dans de l'acide sulfurique pur et concentré, jusqu'à décomposition complète des sels qui s'étaient formés pendant l'opération et cessation de dégagement d'acide nitrique et de gaz rutilant. La matière a été dissoute dans de l'eau distillée. On a saturé l'excès d'acide sulfurique par la potasse à l'alcool pur, et après avoir séparé la majeure partie du sulfate de potasse qui s'était déposé sous forme de cristaux, nous avons filtré le liquide décanté dont nous avons introduit la moitié environ dans l'appareil de Marsh.

« Presque aussitôt des taches brunes, larges, brillantes, ont été recueillies en nombre considérable sur des capsules de porcelaine. Ces taches ont été reconnues pour de l'arsenic métallique aux caractères suivans : indépendamment de leur aspect métallique et miroitant, elles n'attiraient pas l'humidité de l'air, ne se volatilisaient pas à froid, disparaissaient à l'instant par l'application de la chaleur. L'acide nitrique pur et concentré les enlevait promptement; et en chauffant le liquide jusqu'à siccité dans une petite capsule de porcelaine, on obtenait un léger résidu d'un blanc à peine jaunâtre, que le nitrate d'argent neutre faisait passer à l'état d'arséniate d'argent rouge brique.

« *Examen de la chair musculaire enlevée de la cuisse gauche du cadavre.*

« Cette portion de muscles, dont le poids dépassait à peine 500 grammes, a été soumise pendant quatre heures à l'ébullition dans une capsule de porcelaine avec de l'eau distillée. Le liquide refroidi, séparé de la graisse et passé à travers un linge préalablement lavé, fut évaporé jusqu'à siccité et carbonisé par l'acide nitrique. Le charbon provenant de cette petite quantité de chair musculaire a été traité par l'eau distillée bouillante pendant une heure; le liquide filtré, mis dans l'appareil de Marsh, n'a pas décelé de traces appréciables d'arsenic métallique.

« La quantité de matière sur laquelle nous opérions nous a paru trop faible pour que nous ayons jugé nécessaire d'agir sur la portion que l'eau n'avait point dissoute.

« Pour compléter nos recherches, nous avons cru devoir, en outre, procéder à l'examen de la portion de linceul que contenait un des vases qui nous avaient été remis, ainsi que d'une partie du tissu dont nous avons déjà fait mention.

« *Examen de la portion du linceul.*

« Elle avait été extraite de la bière au moment de l'exhumation, et était imprégnée d'un liquide d'apparence sanguinolente. Nous l'avons fait bouillir dans une capsule de porcelaine avec de l'eau distillée et un décigramme de potasse à l'alcool. La liqueur filtrée et placée dans l'appareil de Marsh n'a point fourni d'arsenic.

« Examen des terres.

« La terre qui recouvrait immédiatement le cercueil a été soumise pendant six heures à l'ébullition avec de l'eau distillée. Le liquide, jaunâtre, filtré et concentré par évaporation, a été mis dans un appareil de Marsh, qui n'y a fait découvrir aucune trace d'arsenic métallique.

« La terre prise au-dessous du cercueil avait une odeur urineuse : traitée comme la précédente, elle a donné une décoction de couleur brun foncé, que nous avons évaporée jusqu'à siccité et carbonisée par l'acide nitrique concentré. Le charbon a subi l'action prolongée de l'eau distillée bouillante : nous avons obtenu un liquide que nous avons filtré, introduit dans l'appareil, et dont nous n'avons pu retirer d'arsenic.

« Toutes les opérations dont les détails précèdent ont été faites avec les mêmes réactifs qu'avaient employés MM. les experts précédemment nommés par la Cour; réactifs de la pureté desquels nous nous sommes d'ailleurs assurés. Indépendamment de ces précautions, nous avons constamment fait fonctionner les appareils de Marsh pendant un temps suffisant avant d'y introduire les matières suspectes, et nous nous sommes convaincus qu'aucun d'eux ne donnait la plus légère trace d'arsenic.

« *Conclusion.*

« Il résulte de ces recherches que nous avons retiré de l'arsenic métallique : 1° de l'estomac, du liquide qu'il contenait et de la matière des vomissemens, traités ensemble, comme il a été dit plus haut ; 2° des débris des viscères thoraciques et abdominaux sur lesquels nous avons opéré.

« Cet arsenic ne peut provenir ni des réactifs ni des vases employés aux expériences ci-dessus décrites.

« Il ne fait pas non plus partie de l'arsenic contenu naturellement dans le corps de l'homme. En effet, par les procédés mis en usage dans nos recherches, il est impossible de déceler la plus légère trace de cet arsenic dans les viscères sur lesquels nous avons expérimenté ».

D'après la seconde rédaction, le rapport d'Orfila est de la teneur suivante :

« Nous venons rendre compte à la Cour des travaux auxquels nous nous sommes livrés.

« Toutes nos expériences ont été faites avec les réactifs dont s'étaient servis MM. les experts qui avaient déjà opéré dans l'espèce, à l'exception toutefois d'une certaine quantité de nitrate de potasse que nous avons apportée de Paris, et dont ces messieurs n'avaient pas cru devoir se servir. Ces expériences ont été faites en présence de huit membres au moins de la commission. Ces messieurs ne se sont éloignés du laboratoire qu'à de rares intervalles et lorsque nous-mêmes nous nous en sommes absentés. Constamment aussi la pièce dans laquelle nous avons renfermé tous nos instrumens a été close, ainsi que les fenêtres : toutes les issues ont été constamment aussi gardées par les factionnaires.

« J'ai cru devoir indiquer toutes ces précautions ; j'arrive maintenant aux résultats de l'expertise. Je vais diviser ce que j'ai à dire en quatre parties.

« § 1. *Il existe de l'arsenic dans le corps de Lafarge.*

« Nous avons commencé par traiter le quart de l'estomac qui restait, la matière des vomissemens et les liquides trouvés dans l'estomac. Ces trois matières réunies ayant été soumises à la carbonisation par l'acide nitrique, avec les procédés que j'ai indiqués il y a dix-huit mois pour la première fois, et le charbon obtenu ayant été traité par l'eau, il a suffi d'introduire le liquide qui en est résulté dans l'appareil de Marsh pour obtenir une quantité d'arsenic qui n'était pas considérable, arsenic qui est actuellement déposé sur une assiette dans notre laboratoire.

« Une seconde expérience a été faite avec la masse décrite dans les procès-verbaux sous le nom de masse provenant des organes du thorax, de l'abdomen, du foie, d'une portion du cœur, d'une certaine quantité du canal intestinal et d'une portion du cerveau.

« Nous avons cru devoir diviser cette seconde opéra-tion en deux parties. Le tout étant d'abord mélangé, nous l'avons fait bouillir pendant quatre heures avec de l'eau distillée ; le liquide qui en est résulté ayant été passé à travers un linge, a été réduit, par la chaleur, à l'état d'une matière presque sèche. Il en est resté la portion qui ne s'est pas dissoute dans l'eau, ainsi qu'il arrive lorsqu'on y fait cuire la viande ; une portion se dissout et l'autre ne se dissout pas.

« La décoction, évaporée jusqu'à dessiccation, a été carbonisée par l'acide nitrique, comme l'avaient été les premières matières. Nous avons opéré comme nous l'avions déjà fait pour les précédentes, et nous avons encore retiré de l'arsenic de ce liquide.

« La quantité d'arsenic obtenue de cette décoction était à-peu-près égale à celle que nous avait donnée la première expérience.

« Nous avons cru devoir également examiner les parties restant de la décoction, ce qui n'avait pas été dissous : la portion solide.

« Et alors, comme nous aurions été gênés par une très grande quantité de mousse en traitant par l'acide nitrique, nous avons fait, ainsi que je l'ai déjà indiqué il y a dix-huit mois, brûler cette masse par le nitrate de potasse. Elle a brûlé pendant sept heures, et après avoir traité cette masse incinérée comme précédemment, nous avons obtenu une quantité très notable d'arsenic qui doit être évaluée au moins à douze fois celle que nous avions retirée dans chacune de nos premières expériences.

« Nous n'avons pas même cru devoir agir sur la

totalité de notre produit : nous l'avons jugé inutile.

« Nous avons examiné le lambeau de chair pris à la cuisse gauche du cadavre; ces chairs devaient faire l'objet d'une préparation à part. Nous n'avons rien obtenu dans ces deux livres de chair musculaire traitées comme il a été dit ci-dessus. Ces deux livres de chair, si on les compare au poids total de la masse musculaire du corps n'offrent qu'une portion bien faible comparée à celle de tout ce corps.

« Le résultat sur ce point a donc été négatif.

« Nous avons examiné une portion du suaire dans lequel le corps de M. Lafarge était enveloppé. Nous l'avons examiné avec beaucoup de soin, nous l'avons fait bouillir dans l'eau avec de la potasse; nous avons ensuite introduit le liquide dans l'appareil de Marsh, et nous n'avons rien obtenu.

« C'est donc encore là un résultat négatif.

« Enfin nous avons cru devoir examiner deux des trois terres recueillies. Notre analyse a porté sur les terres prises immédiatement au dessus et au dessous du cercueil. Ces deux terres, ayant bouilli séparément dans de l'eau distillée pendant quatre heures, ont fourni des liquides qui, ayant été soumis à l'appareil de Marsh, n'ont pas donné d'arsenic.

« Ainsi, il résulte de cette première partie de ma deposition et des expériences qui ont été faites, qu'il y a de l'arsenic dans le quart de l'estomac qui restait, dans les liquides contenus dans ce viscère et dans les matières vomies ; mais il n'y en a pas beaucoup.

« Il résulte en second lieu qu'il y en a dans la décoction faite avec les débris organiques, et qu'il y en a beaucoup plus dans le résidu solide de cette décoction. Il résulte enfin que partout ailleurs nous n'avons rien trouvé.

« **§ II. *L'arsenic ne vient pas des réactifs employés.***

« Ces réactifs avaient déjà été employés par les experts de Tulle, et la preuve qu'ils ne contenaient pas d'arsenic, c'est que ces experts sont arrivés à cette conséquence qu'ils n'en avaient pas trouvé. S'il y en avait eu dans les réactifs, on aurait au moins constaté la présence de l'arsenic qui pouvait s'y trouver.

« Nous devons faire observer que jamais nous n'avons mis l'appareil de Marsh en mouvement sans qu'auparavant nous nous fussions assurés qu'il pouvait fonctionner pendant un quart-d'heure, vingt minutes, sans donner de résultats accidentels. L'acide nitrique avait été distillé sur du nitrate d'argent. Il est impossible dans cette position qu'il contînt de l'arsenic. Sur ce point il n'a pu s'élever le moindre doute. L'arsenic trouvé ne provient pas des terres; il est certain qu'il ne peut avoir cette origine, car le cercueil était entier, sauf une fente à la partie inférieure. Ces terres, d'ailleurs, n'ont rien donné à l'analyse.

7

« § III. *L'arsenic trouvé vient-il de cette portion arsénicale qui se trouve naturellement dans le corps de
l'homme ?*

« Il est reconnu aujourd'hui par mes expériences,
qui remontent à dix-huit mois, qu'il existe naturellement
dans les os de l'homme et de beaucoup d'autres espèces
d'animaux, une infiniment petite quantité d'arsenic ;
mais il est également reconnu que, par le moyen dont
nous pouvons disposer actuellement, jamais on ne re-
tire la moindre trace d'arsenic ni de l'estomac, ni du
foie, ni de la rate, ni du cœur, ni du poumon de
l'homme. Or, nous avons opéré, non sur les os, mais
sur les organes intérieurs. Ce que nous avons retiré n'est
donc pas de l'arsenic normal.

« J'arrive maintenant à la partie la plus difficile de
ma déposition, à la quatrième.

« § IV. *Il n'est pas difficile d'expliquer la diversité des
résultats obtenus par nous comparativement à ceux
qui ont été fournis par les experts qui avaient déjà
examiné le cadavre et les liquides.*

« Pour le prouver, je vais suivre la série des opérations qui ont été faites.

« Lors du premier rapport, MM. Bardou, Lespinasse, Tournadour, Massenat, Lafosse, avaient opéré.
Ils ont fait bouillir l'estomac ; ils ont traité la décoction
par l'acide sulfurique ; ils ont obtenu un précipité jaune-

serin, floconneux, soluble dans l'ammoniaque, caractères qui appartiennent tous à l'acide arsénieux; puis ils ont cherché à réduire ce sulfure d'arsenic de manière à recueillir le métal. Leur tube a fait explosion; les matières qu'ils avaient obtenues n'établissaient pas suffisamment la présence de l'arsenic, ainsi que je l'ai dit dans une lettre que j'ai eu l'honneur d'adresser à Mᵉ Paillet. La médecine légale ne se contente pas de suppositions, elle veut des preuves positives : il faut retrouver le métal.

« Avec la connaissance que j'ai acquise en expérimentant sur le corps de M. Lafarge, j'ai la conviction que, si ces messieurs n'avaient pas cassé leur tube, ils auraient retiré de l'arsenic métallique.

« Voilà donc une première expérience qu'on ne peut pas opposer aux nôtres; car, dans le premier cas, l'expérience n'a pas été terminée.

« Dans le second rapport, MM. Dubois père et fils et Dupuytren ont procédé séparément, et d'abord sur le quart de l'estomac, puis sur une portion des liquides qui y étaient contenus, puis enfin sur une portion des matières vomies. Voilà trois opérations. Nous, nous les avons réunies ces trois matières, et nous n'avons fait qu'une seule opération. Ainsi, au lieu d'agir séparément sur chacune des trois, nous avons agi sur la totalité.

« Quoique nous ayons agi sur la totalité, je dis que la quantité d'arsenic obtenue était minime. Eh bien! y a-t-il quelque chose d'extraordinaire, alors qu'on ne dispose que du tiers d'un entier, qu'on ne découvre pas

ce que découvrent ceux qui agissent sur cet entier lui-
même?

« Il y a plus : l'appareil de Marsh est un appareil de
fraîche date; il n'a pas encore été parfaitement étudié
par tout le monde, et même ceux qui l'ont étudié
éprouvent tous les jours des embarras nouveaux pour
s'en servir. Ainsi aujourd'hui même, au moment où nous
venons de retirer l'arsenic d'un liquide qui en contenait, tout-à-coup, quoique certains que l'arsenic y était
encore, nous avons cessé d'en obtenir, et il devait cependant en fournir. Cela tient à ce que la flamme est
un peu trop forte, à ce que l'assiette de porcelaine est
trop rapprochée ou trop éloignée, à ce qu'une porte
ouverte détourne le flamme et la rejette d'un autre
côté, etc.

« Il n'est donc pas extraordinaire que, quand on a
opéré sur des quantités aussi minimes, on ne soit pas
arrivé à un résultat. Je me plais à rendre justice au
talent et à l'habileté des expérimentateurs qui ont
opéré, mais il est évident qu'ils ont agi sur trop peu de
matières, et en second lieu que l'appareil de Marsh a
été employé avec une flamme un peu trop forte, et que
la petite quantité d'arsenic existant a été volatilisée.

« Je ne vois rien là qui ne puisse concorder avec le
résultat que nous venons d'obtenir.

« Enfin, dans la dernière expérience faite après
l'exhumation, MM. les membres de la première commission et de la seconde réunis, ont opéré sur une petite
portion du foie. Ils l'ont traité par l'eau distillée, ils ont

agi par l'acide nitrique; sur ce produit ils n'ont rien trouvé. Nous avons opéré sur la totalité des viscères, et nous n'avons trouvé qu'une petite portion d'arsenic. Ces messieurs, quant aux autres viscères, n'ont expérimenté que sur le quart et nous avons expérimenté sur le tout.

« Joignez à cela les difficultés de l'appareil dont je viens de parler, et on concevra facilement que ces messieurs n'aient rien aperçu. Enfin, ils n'ont pas incinéré par le nitrate de potasse le résidu des matières solides, résultat de la coction des viscères, et c'est dans ce résidu carbonisé que nous avons trouvé la plus grande partie d'arsenic.

« Mais je l'avoue, le procédé suivi par ces messieurs est indiqué par quelques auteurs. S'il n'est pas le meilleur, ce n'est pas la faute de ceux qui ont expérimenté. Dans cette matière, il y a eu des progrès depuis quelque temps : ainsi on ne se préoccupait pas suffisamment de cette pensée que les matières arsénicales mélangées avec l'arsenic, retenaient fortement le poison et s'en débarrassaient difficilement par l'ébullition ; c'est ce qui a fait que dans beaucoup de circonstances les matières vénéneuses ont échappé aux experts.

« Au reste, après avoir ainsi parcouru les différentes parties dont j'avais à rendre compte à la Cour, je dois dire que nul doute ne peut rester sur la nature des matières que nous avons obtenues. L'arsenic métallique a été recueilli sur des assiettes, et la commission, composée de trois personnes à laquelle avaient été adjoints tous les autres experts, sera, je n'en doute pas, unanime sur ce fait, que le métal obtenu sur les capsules est de l'arsenic.

« Mais cela ne suffit pas, il faut dire par quel moyen nous nous sommes assurés que c'était de l'arsenic.

« Ces taches sont brunes, brillantes ; elles n'attirent pas l'humidité de l'air, elles ne se volatilisent pas à froid, et à l'instant même où l'on applique sur elles la chaleur elles disparaissent. Elles se dissolvent et se détachent instantanément dans l'acide nitrique pur, etc. ; la dissolution opérée, si elle est évaporée jusqu'à siccité, donne un résidu d'un blanc très légèrement jaunâtre, que le nitrate d'argent fait passer au rouge brique. Aucune autre substance connue ne réunissant l'ensemble de ces caractères, je dois conclure que cette matière est de l'arsenic.»

Il est impossible de ne pas reconnaître quelques contradictions entre ces deux rapports ; mais elles ne concernent que des points secondaires et sont, à tout prendre, si insignifiantes, qu'il est inutile d'y attacher de l'importance.

Les experts ont encore donné les éclaircissemens suivans sur certaines questions particulières. Tout l'arsenic retrouvé, qui du reste a été mis sous les yeux de la Cour et des jurés pendant la séance, était à peine du poids d'un demi-milligramme ; mais ils ajoutèrent que cette quantité, toute minime qu'elle était, ne diminuait en rien leur conviction ; que l'arsenic qu'ils avaient trouvé n'était point de l'arsenic normal du corps humain, mais de l'arsenic ingéré, d'autant plus que tant par les vomissemens du décédé que par ses évacuations naturelles, la plus grande partie de l'arsenic qu'il avait pris avait pu être absorbée auparavant.

Pour bien faire comprendre ce rapport, nous devons donner ici des renseignemens sur l'appareil de Marsh. Cet appareil ne consiste pas dans des préparations particulières dont la propriété serait de faire apparaître jusqu'aux plus petites portions d'arsenic; mais il repose sur l'expérience, qui a appris que le gaz hydrogène dissout l'arsenic, et qu'alors sa flamme couvre des corps clairs, tels, par exemple, que la porcelaine, *d'un miroir métallique, noir et brillant,* tandis que le gaz hydrogène, quand il est *pur,* ne cause aucune altération sur la surface de la porcelaine. Il est facile de se convaincre de cet effet par le moyen d'un briquet oxigéné ordinaire. Le combustible qui s'y prépare est du gaz hydrogène. Si l'on tient dans la flamme un petit vase de porcelaine blanche, on ne remarquera point que la porcelaine noircisse quand l'acide sulfurique et le zinc que l'on aura employés pour produire le gaz auront été purs. Mais si l'on mêle avec l'acide sulfurique un peu de dissolution d'arsenic, la flamme du gaz hydrogène qui en sortira, aussitôt qu'elle viendra en contact avec la surface froide de la porcelaine, *la couvrira d'un miroir métallique noir.* Toutefois dans des expériences de ce genre, il y a divers points qu'il ne faut pas oublier. D'abord, il ne faut tenir la porcelaine que fort peu de temps dans la flamme de peur qu'elle ne s'échauffe; car si cela arrivait, l'arsenic s'évaporerait de nouveau sur-le-champ, et la porcelaine resterait blanche nonobstant sa présence. Ensuite il faut que le gaz hydrogène ne s'échappe que par une très petite ouverture afin que la flamme demeure aussi petite que possible, et que la chaleur ne soit que modérée. Une seconde condition est que l'arsenic doit être en dissolution; si, par exemple, on mêle l'acide du briquet avec de la poudre d'arsenic blanc, ou bien si l'arsenic est enveloppé de graisse, de glaires, etc., il deviendra très possible que la flamme de l'hydrogène ne produise pas le miroir métallique noir, le gaz n'ayant pu se charger d'arsenic. Enfin il faut remarquer que, quand la dissolution arsénicale est en très petite quantité, la flamme du gaz hydrogène ne produit le miroir arsénical que tout au commencement, et que plus tard il n'en produit plus, parce que l'arsenic se combine très promptement avec le gaz hydrogène et disparaît. En conséquence, si on laisse brûler la flamme trop longtemps avant d'essayer son effet sur la porcelaine, on ne découvrira point d'arsenic, parce qu'il est déjà évaporé. Du reste, d'après les expériences faites jusqu'ici, l'appareil de Marsh, quand il est convenablement employé, est en état de faire apparaître, de la manière que nous venons de décrire, des parties d'arsenic infiniment petites; il suffit de la millionnième partie d'un grain pour produire le miroir métallique.

Le résultat de l'analyse chimique des experts de Paris consiste à avoir retiré moins d'un demi-milligramme d'arsenic métallique des parties du cadavre de Lafarge analysé par eux.

Est-ce là une preuve que Lafarge ait pris du poison?

Il n'y a, à la vérité, aucune objection à faire contre les opérations des experts de Paris. Le rapport que nous venons d'en donner prouve qu'il ont agi d'une manière parfaitement légale, et qu'ils ont mis dans leurs opérations, une prudence, un soin et une exactitude qui doivent bannir tout soupçon que pendant *leur* opération, le poison qu'ils ont trouvé (en admettant que ce qu'ils ont trouvé fût réellement du poison, c'est-à-dire de l'arsenic), se soit introduit du dehors dans les parties analysées. Nous avons demandé l'avis de plusieurs chimistes célèbres de Berlin. Il nous ont déclaré unanimement qu'ils n'avaient pas la plus légère observation à faire sur la manière dont ces messieurs avaient agi. Aussi ne pouvons-nous pas avoir égard à l'objection du docteur Dubois, qui pensait que les réactifs employés, s'ils n'avaient pas produit tout l'arsenic, avaient pu néanmoins contribuer à son apparition. A la vérité, on a imaginé plus tard en France qu'Orfila avait apporté de Paris de la potasse qu'il n'avait pas soumise d'avance à l'examen de ses collègues. Cette potasse a été l'un des réactifs les plus importans dont on se soit servi durant les opérations, et l'on a voulu faire naître le soupçon qu'elle n'était peut-être pas tout-à-fait pure. Or, quand même nous n'attribuerions point ce soupçon à la malveillance, mais seulement à de bonnes intentions et à l'intérêt de la défense, poussé peut-être trop loin, nous devons pourtant déclarer qu'il nous paraît dénué de tout fondement. Orfila avait prêté serment; sa réputation est intacte; il n'avait absolument aucun intérêt apparent pour agir d'une manière contraire à sa conviction et à son serment. Par quel motif aurait-il apporté avec lui intentionnellement de la potasse empoisonnée? Sa prudence connue ne permet pas non plus de croire à de la négligence. Si l'on voulait attacher une importance quelconque à cette potasse, le soupçon, pour être conséquent, devrait s'étendre à toute l'opération d'Orfila.

De ce côté-là donc l'avis des experts de Paris est inattaquable.

Mais il est d'autant plus vulnérable sous deux autres rapports.

En premier lieu, quant à la conclusion que l'arsenic qu'ils ont trouvé avait été ingéré dans le corps de Lafarge *pendant sa vie.* Nous n'attachons ici aucune importance à l'observation de la défense, d'après laquelle l'arsenic que l'on a trouvé pourrait être l'arsenic normal du corps humain; car, disait-on, si la science a découvert depuis peu que les os du corps humain contiennent naturellement de l'arsenic, rien ne prouve que l'année prochaine, on ne découvrira pas peut-être que les muscles ou toute autre partie du corps en contiennent aussi. Cette objection n'est pas soutenable, attendu que la conviction de l'homme, qu'il s'agit d'obtenir ici, ne saurait être fondée que sur les découvertes positives de la science dans son état actuel, et ne peut pas se laisser retenir par la possibilité de tout ce qui pourra être découvert à l'avenir. Nous ne jugeons que d'après nos connaissances.

Sous un autre rapport cependant, l'avis des experts repose sur une base très peu solide. Nous avons vu plus haut avec quelle légèreté et quelle négligence impardonnable le juge d'instruction et les experts de Brives se sont conduits lors de l'autopsie du corps et la séparation des parties conservées. Nous avons vu en outre qu'au Glandier l'arsenic existait en grande profusion, et que si le crime n'avait point été commis, il existait du moins quelqu'un au Glandier qui devait avoir un intérêt particulier à faire croire qu'un crime, celui de l'empoisonnement, avait réellement été consommé.

Il est évident que le meilleur moyen de faire naître cette croyance devait être d'introduire de l'arsenic dans le corps et dans ses divers organes. Qui nous assure, vu la négligence que nous avons signalée, que la main inconnue qui répandait partout de l'arsenic au Glandier, n'en a pas introduit aussi, sans qu'on s'en aperçût, dans les organes déjà enlevés par les médecins et dans les diverses parties du corps mort?

Qu'on ne nous dise pas que cela n'est pas vraisemblable, que ce n'est que possible et qu'un tribunal, ne peut pas s'attacher à de simples possibilités. Nous répondons de deux manières, à cette objection. Premièrement, quand il s'agit d'un crime aussi grave, où la vie d'un être humain est compromise, ce qui doit être prouvé doit l'être de la manière la plus incontestable; il ne faut pas que la possibilité du contraire puisse être facilement admise. C'est pour cela que la législation prussienne a ordonné les mesures de *précaution* que nous avons fait connaître plus haut; c'est pour cela que la cour de Tulle en a ordonné et en a observé elle-même de toutes semblables. Personne ne contestera ici que la possibilité en question ne puisse être facilement admise. Mais d'un autre côté, il y a ici plus que de la possibilité; il y a une grande probabilité que le poison a été introduit dans le corps de Lafarge, du dehors et après sa mort. Plus tard seulement nous pourrons prouver notre assertion par les circonstances de la cause. Pour le moment nous ne devons pas manquer d'observer que l'on ne doit jamais admettre un crime avant qu'il soit prouvé. C'est pour cela que des mesures de précaution sont ordonnées pour s'assurer en général du fait, mais plus particulièrement encore quand il s'agit d'empoisonnement. Si dans les recherches que l'on fait pour découvrir si un crime a été commis, on n'agit pas avec la plus grande prudence et la plus grande réserve, on a l'air d'admettre d'avance que le crime a été commis et l'on regarde comme déjà prouvé ce qui a besoin de l'être.

La conclusion nécessaire de cela est évidemment qu'Orfila et ses collègues pouvaient bien dire: nous avons trouvé de l'arsenic dans les restes du corps; mais rien ne motive leur opinion que cet arsenic a été ingéré dans le corps *vivant*.

Cette conclusion peut presque être regardée comme frivole dans la bouche de simples experts qui n'ont point assisté aux débats depuis le commencement. Elle renferme un arrêt que le juge de la preuve, c'est-à-dire dans ce cas le jury, a seul le droit de prononcer.

Nous ne pouvons donc point regarder comme établi que l'arsenic trouvé soit dans les substances examinées par les premiers experts, soit dans celles qui ont été retirées du corps exhumé, ait été pris par Lafarge pendant sa vie ; cela du moins n'est pas suffisamment prouvé, pour qu'en considérant les conditions que nous exigeons d'une preuve, nous puissions fonder sur ce fait une condamnation à mort. D'après le droit prussien cela est incontestable et nous croyons qu'il en est de même d'après les principes généraux. Quant aux substances qui avaient été remises aux premiers experts, on pourrait dire à la vérité que si de l'arsenic y avait été introduit du dehors, il aurait dû déjà se montrer aux expertises précédentes. Mais, à cet égard, il faut se rappeler que la certitude du résultat des experts de Paris repose sur la supposition que les premiers experts ont commis des erreurs, comme aussi que cette main invisible n'aurait par hasard introduit de l'arsenic que dans les parties examinées par les experts de Paris. Cette supposition offrirait en outre une explication qui ne serait pas à rejeter, de la circonstance que les experts de Limoges n'ont point trouvé de poison.

Ceci ne doit pas être rejeté comme étant sans importance ou même trop recherché. Orfila et ses collègues s'efforcent à la vérité de présenter la différence qui existe entre leur opinion et celle des experts comme facile à concilier. Mais ils ne peuvent y parvenir qu'en supposant que ces derniers ont opéré sur des portions trop petites et qu'ils ont peut-être commis une erreur soit en excitant trop vivement la flamme, soit en tenant l'assiette de porcelaine trop près ou trop loin de cette flamme. Mais ces suppositions sont tout-à-fait arbitraires. On sait que, par l'appareil de Marsh, la plus petite portion imaginable d'arsenic devient visible. Orfila lui-même le dit. Il se contredit donc lui-même quand il soutient que là précisément les particules d'arsenic étaient trop petites pour pouvoir être aperçues. Pourquoi donc n'aurait-elle pas paru *là*, quand elles se montrent *partout ailleurs?* Puis, d'où Orfila sait-il que les experts de Limoges ont commis une erreur? Ils ne peuvent pas le lui avoir dit eux-mêmes, car si cela avait été, ils auraient dû, en hommes d'honneur, et qui avaient prêté serment, le dire aussi à la Cour. Il n'y a pas de raison générale pour l'admettre, et leur opération qui a été décrite plus haut, prouve qu'ils ont agi en experts prudens et bien au fait de la science, et par conséquent en gens que l'on ne peut pas soupçonner de graves erreurs. Orfila dit, à la vérité, que ces erreurs auraient été légères, faciles à commettre, mais des erreurs qui peuvent compromettre le résultat tout entier de l'opération, ne devraient pas être considérées comme légères; ce sont précisément là les plus graves auxquelles cette opération pût donner lieu.

D'un autre côté l'avis des experts de Paris est attaquable, même dans la conclusion par laquelle ils assurent avoir réellement trouvé de l'arsenic. C'est un fait connu des chimistes que ces taches noires sur la porcelaine peuvent provenir d'antimoine métallique, tout aussi bien que d'arsenic métallique, attendu que l'antimoine métallique se dégage de la flamme du gaz hydrogène sur la porcelaine, exactement de la même manière, avec la même apparence et les mêmes effets que l'arsenic métallique. Ce fait est si connu des chimistes qu'il n'est pas même nécessaire de citer à cet égard des autorités scientifiques. Nous renverrons seulement le lecteur prussien à l'article que le savant professeur Range a inséré dans le n° 228 de la *Gazette de Voss,* de l'an 1840, d'où nous avons tiré presque en entier les renseignemens ci-dessus sur l'appareil de Marsh.

Maintenant, si l'on réfléchit que d'après les déclarations des médecins, Lafarge avait pris des vomitifs pendant sa maladie et que les vomitifs que l'on a coutume de prescrire en France, se composent ordinairement de tartre stibié, qui contient de l'antimoine ou bien d'ipécacuanha, il y a selon nous tout lieu de supposer que ces taches pouvaient provenir tout aussi bien d'antimoine que d'arsenic.

Il est vrai qu'Orfila a fait quelques essais pour prouver que les taches métalliques formées par l'appareil de Marsh se composaient d'arsenic; mais malheureusement avec des quantités si petites, ces essais n'ont pas pu donner des résultats tout-à-fait convaincans.

Toutefois si, par la considération qu'il y a fort peu de probabilité que ces taches aient réellement été de l'antimoine métallique, nous consentons à admettre la conclusion d'Orfila comme juste, nous ne pouvons pas nous empêcher cependant de trouver fort étrange qu'Orfila n'ait pas dit un mot d'antimoine. Il aurait dû en parler, en tout cas, même quand il se sentait personnellement convaincu que les taches n'étaient formées que par de l'arsenic; car il s'agissait par-dessus tout de faire partager cette conviction aux jurés, et c'est ce qu'il ne pouvait faire qu'en leur exposant, franchement et complétement, toutes les éventualités.

C'est aussi ce que la législation prussienne exige du médecin légiste.

En l'omettant, il a certainement commis une faute. Car de deux choses l'une : ou bien il l'a caché avec intention, parce qu'il était fermement convaincu que dans l'espèce, il ne pouvait pas être question d'antimoine; en ce cas, il a manqué essentiellement à son devoir; il a imposé sa propre conviction aux jurés, sans leur en donner des motifs suffisans, au lieu de les laisser se former à eux-mêmes une conviction libre et spontanée; ou bien il a gardé le silence sans intention, et parce qu'il n'y a pas pensé : un semblable défaut d'attention serait déplorable dans une affaire aussi importante.

Nous voici arrivés au terme de notre recherche sur la question : s'il a été trouvé de l'arsenic dans le corps de Lafarge, et si ce qui en a été trouvé a dû exister dans le corps vivant. Nous avons vu que la première expertise, dirigée par l'ignorance (selon l'arrêt du maître, qui lui-même a dirigé la quatrième) ainsi que la seconde et la troisième expertise n'ont réellement point trouvé d'arsenic, tandis que la quatrième et dernière expertise, tant par suite des fautes faites dans les précédentes et qui ont réagi sur elle, que par sa propre imperfection, quant à ses conclusions, se montre, on ne saurait plus incertaine, pour ne pas dire davantage, dans ses résultats; de sorte que, d'après tous les motifs qui doivent agir sur la raison de l'homme, personne n'oserait fonder sur cette expertise une conviction profonde de l'existence du poison dans le corps, et bien moins encore que ce poison y ait été ingéré pendant la vie de Lafarge.

Dans le cas d'un procès criminel, un tel état de choses ne peut amener qu'un seul résultat; le crime d'un empoisonnement ne peut jamais être regardé comme prouvé, ni par conséquent comme existant, quand l'arsenic pris pendant la vie ne se retrouve pas dans le cadavre sous la forme métallique. Où il n'y a point de crime, il ne saurait y avoir de criminel. Aussi l'acquittement de l'accusé doit nécessairement s'ensuivre; cela est incontestable d'après le droit prussien dont nous avons fait connaître les règles sévères, mais en même temps bienfaisantes et fondées sur la plus haute raison, règles qui doivent être suivies quand il s'agit de prouver le crime d'empoisonnement. Ce même acquittement n'est pas moins indubitable d'après tout autre mode de procédure raisonnable.

Nous répétons ici ce que nous avons dit plus haut dans l'introduction : notre intention n'est pas d'attaquer le verdict des jurés de Tulle; ce qu'ils ont prononcé est une affaire entre eux et leur conscience. Mais par la même raison, notre conscience nous ordonne aussi de déclarer que l'examen scrupuleux et conforme à notre devoir des faits que nous avons exposés jusqu'ici, indépendamment de toutes les règles formelles exigées en fait de preuves judiciaires, n'a point amené chez nous la conviction de l'empoisonnement.

Toutefois la conviction de chaque homme est une chose qui lui appartient en propre. Nul ne peut l'imposer à un autre. Il est possible que d'autres ne soient pas d'accord avec nous, et en effet les jurés de Tulle ne l'ont point été.

C'est précisément pour cette raison que nous sommes obligés de poursuivre plus loin notre recherche. Il le faut pour rendre notre travail complet.

D'après cela, en supposant que l'on ait réellement trouvé du poison dans le corps de Lafarge, nous arriverons à la seconde partie du fait tel que nous l'avons posé plus haut.

Lafarge est-il mort par suite du poison qu'il a pris ?

Il est évident, par ce que nous avons dit, que cette question est tout-à-fait distincte de celle que nous avons déjà résolue. Il est possible que du poison ait été trouvé dans le corps de Lafarge, et il est même possible que le poison ait été pris par Lafarge pendant qu'il était encore en vie. Mais de cela ne résulte pas nécessairement que ce poison ait été la cause de sa mort, ce qui est pourtant indispensable quand il s'agit de punir une personne pour l'avoir tué par le moyen du poison qu'elle lui a fait prendre.

Ce sont les médecins seuls qui peuvent nous apprendre si Lafarge est réellement mort empoisonné. Or, on sait que ceux-ci, bien qu'experts dans la matière, sont le plus souvent fort indécis à cet égard; combien moins un profane oserait-il décider que la mort d'un homme a été la suite du poison qu'il a pris.

Mais voyons d'abord, en suivant l'acte d'accusation, le prétendu empoisonnement du 18 décembre, à Paris, par le moyen du gâteau envoyé du Glandier. De cela nous savons très peu de chose. Il existe une lettre de Lafarge lui-même, dans laquelle il dit qu'il a eu la migraine et des vomissemens abondans, à la suite desquels il a été indisposé pendant plusieurs jours. Il a répété verbalement les mêmes détails. Il dit en effet au docteur Bardou, qui le premier le visita le 5 janvier 1840, que peu de jours avant son départ de Paris, il avait eu une indisposition semblable à celle dont il souffrait le 6 janvier; elle consistait en vomissemens accompagnés de douleurs d'estomac et de bas-ventre.

Nous possédons en outre, à ce sujet, les dépositions du garçon de l'hôtel dans lequel il logeait, nommé Parant, et du commis Félix Buffières, frère de Léon Buffière, mari de la sœur de Lafarge, qui, au reste, ne vit point de médecins à Paris. De ces deux témoins, le garçon Parant dit d'abord qu'après qu'il eût lui-même, comme nous l'avons vu plus haut, déballé le gâteau arrivé à Paris le 18 décembre, Lafarge avait cassé un morceau de la croûte et l'avait mangé. C'était le soir. Lafarge sortit après cela, et ne rentra qu'à une heure du matin, ce qui était contraire à son habitude. Le témoin le vit alors bien porlant. Il quitta Lafarge peu de temps après et ne rentra dans sa chambre que le lendemain matin. Il reconnut alors que Lafarge avait vomi pendant la nuit, et lui dit qu'il s'était sans doute donné une indigestion : Lafarge ne lui répondit rien. A trois heures de l'après-midi, Lafarge vomit de nouveau, au moment où il allait se mettre à écrire.

Ce témoin ne parle pas d'autres symptômes de maladie. Quant à lui, il est d'autant plus porté à attribuer cette indisposition à une indigestion, que Lafarge lui aurait dit avoir soupé ce soir-là, avec du foie de veau, chez un restaurateur.

La déposition du second témoin, Félix Buffières, est plus insignifiante encore. Le 19 décembre, Lafarge le fit appeler auprès de lui en lui faisant dire qu'il était malade ; le témoin alla sur-le-champ le voir. Lafarge se plaignit à lui de douleurs d'entrailles ; il ne vomissait pas ; il lui parla aussi d'un gâteau que sa femme lui avait envoyé, et le témoin vit en effet un gâteau dont on avait rompu un morceau de la grosseur de deux noix.

C'est là tout ce que nous savons de cette maladie. On pourrait seulement ajouter que le 3 janvier Lafarge arriva à la vérité encore indisposé au Glandier, mais que les jours précédens il avait écrit qu'il se sentait mieux et que les témoins, le cordonnier Dapuy, d'Uzerches, et Joseph Astier qui le virent immédiatement avant son retour au Glandier, ne remarquèrent point qu'il fût malade.

Or ce que nous avons appris de cette maladie ne

parle que de douleurs d'entrailles et d'estomac accompagnées de quelques vomissemens. Il est inutile de remarquer que ces symptômes pouvaient provenir de mille autres causes que de l'arsenic, et avec beaucoup plus de vraisemblance. Il faut en vérité être bien étrangement prévenu pour chercher dans cette millième cause la seule véritable; et cependant cela devient nécessaire si l'on veut ranger cette histoire de l'empoisonnement par le gâteau, dans la chaîne des conclusions par lesquelles on cherche à arriver au résultat de l'empoisonnement par Marie Cappelle de son mari au Glandier. Il est impossible de savoir jusqu'à quel point les jurés de Tulle ont partagé cette prévention, attendu que le président avait.... oublié de séparer le prétendu fait de l'empoisonnement de Paris, des faits ultérieurs qui se seraient passés au Glandier. Mais, sans nous arrêter davantage sur ce sujet, nous pouvons passer maintenant à la maladie du Glandier.

Nous avons à cet égard plusieurs versions. Les seules importantes sont celles de la mère de Lafarge et celles des médecins. Cette dame, qui néanmoins n'avait point prêté serment, dit:

« Le 5 janvier, mon fils arriva, et je vous jure que je fus bien peinée. Je vois mon pauvre fils très pâle, avec l'air très souffrant. Je lui demandai ce qu'il avait, ce qu'il ressentait. « Je suis très las, très fatigué, » me dit-il, puis il me tendit la main, il m'embrassa... Il demanda un verre d'eau. Je veux lui en apporter un. Marie dit : « Non, il faut de l'eau fraîche. » Clémentine y alla et mon pauvre fils but le verre d'eau sucrée et après cela il vomit.

« Au dîner, j'avais eu des truffes pour Marie; elle se disait enceinte et j'avais voulu lui faire plaisir. Marie alla chercher de cette volaille et de ces truffes, s'assit auprès du lit et fit manger une truffe à son mari. Quelque temps après les vomissemens redoublèrent; mon fils eut comme une syncope, des convulsions. J'envoyai chercher bien vite M. Bardou, qui, après avoir examiné le malade, dit qu'il croyait qu'il avait une hernie. Cependant il lui voyait des rougeurs, des boutons dans la bouche. Comme le mal redoublait, je voulus voir M. Massenat; il vit aussi l'inflammation et attribua le mal à une esquinancie.... Mon pauvre Charles s'est mis au lit en arrivant et ne s'est plus relevé, si ce n'est un jour pour prendre un bain, et encore il ne pouvait pas se soutenir. Le vendredi, il fut bien malade; il se plaignait très fort: «O mon Dieu! ô mon Dieu! qu'est-ce que j'ai donc? je me sens dévoré, je brûle, mon sang ne circule plus, mon cœur ne bat plus; faites-moi donc des frictions, tâchez donc de me faire circuler le sang.... Cependant mon pauvre enfant devenait de plus en plus malade; il ne pouvait plus respirer.»

Le reste de la déposition de ce témoin n'a aucun rapport à la maladie.

Voici quelles sont les dépositions des trois médecins, qui, du reste, n'ont pas traité Lafarge en même temps.

1° Le docteur Bardou, d'Uzerches, dit:

« Dans la nuit du 4 au 5 janvier, je fus appelé auprès de M. Lafarge pour lui donner des soins. La face du malade était calme ; il vomissait souvent ; le pouls était calme. M. Lafarge me dit qu'il avait éprouvé quelques jours avant son départ de Paris, une indisposition semblable à celle qui l'avait pris à son arrivée au Glandier. Madame Lafarge parla de truffes que son mari avait mangées, et je diagnostiquai une indigestion.

« Je demandai à la ville du bi-carbonate de soude, comme anti-vomitif. Quelques jours après je reçus une lettre de madame Lafarge, mère, qui m'annonçait que son fils allait de pis en pis. Je me rendis au Glandier, et d'après ce qui m'avait été écrit par madame Lafarge, je pensai que son fils avait été atteint d'un volvulus, car cette maladie a pour résultat d'arrêter le cours des déjections alvines et de les faire revenir par la bouche. L'état du malade empirant, je voulus qu'on m'adjoignît deux consultans. Je me fis remettre les vomissemens du malade, et plutôt à l'odeur qu'à l'inspection, je persistai dans mon diagnostic de volvulus. J'ordonnai en conséquence des prescriptions pour combattre cette maladie. Le soir il y eut un peu d'amélioration dans l'état du malade ; les consultans n'avaient pas été mandés. Je ne pressai pas leur arrivée et je me retirai.

« Cependant on me manda dans la nuit, par un exprès, que les vomissemens persistaient. Madame veuve Lafarge m'écrivit que son fils sentait dans la gorge comme des pellicules, qui étaient sans doute la cause de ces vomissemens. Dans cette prévention je pris avec moi un peu d'alun, et m'en vins auprès de M. Lafarge; je lui en insufflai dans l'arrière-bouche une petite quantité que j'avais préalablement mêlée avec du sucre ; cette préparation produisit dans le gosier de Lafarge une sensation qui n'était pas ordinaire. Il éprouva un sentiment de brûlure dont il se plaignit beaucoup. Je ne sais pas s'il n'exagéra pas un peu la douleur qu'il disait éprouver : je cessai ce remède.

« Le 8 janvier, je ne remarquai rien de particulier. Denis, le commis, alla chercher un autre médecin ainsi que je l'avais demandé. M. Massenat vint le 10 ; il pensa que les vomissemens étaient le résultat de mouvemens spasmodiques dans l'estomac, et qu'il fallait occuper ce viscère. Comme on n'avait pas de bouillon, on prépara donc un lait de poule pour provoquer le travail de la digestion. M. Lafarge en prit plusieurs gorgées sans manifester aucune sensation particulière ; cependant ces alimens ne furent pas supportés. Je pensai que les alimens solides seraient mieux reçus par l'estomac ; je fis prendre par M. Lafarge un peu de pain qu'il trempa dans du vin ; ce pain passa très bien et n'amena aucun vomissement.

« Comme j'avais trouvé de l'amélioration dans la position de Lafarge et que j'espérais qu'elle continuerait, je n'y retournai plus. Le 14, j'appris qu'il était mort. »

Ce médecin ajouta qu'il ne croyait nullement à un empoisonnement, pas même après que le bruit s'en fut répandu. Ce ne fut que lorsqu'à l'examen du corps avec les autres experts, il crut avoir trouvé de l'arsenic qu'il commença à chanceler dans son opinion.

2° Le docteur Massenat, de Brives, qui plus tard s'est fixé à Paris, dit :

« Au commencement de janvier, je fus prié de passer au Glandier pour y donner des soins à M. Lafarge, qui était malade. Il me parut gravement atteint; il était en proie à des vomissemens continuels, et réduit à une prostration presque absolue de ses forces; il me dit que son mal avait commencé à Paris, qu'il y avait été pris de vomissemens qui avaient recommencé plus fort après son arrivée au Glandier. J'expliquai sa maladie par une susceptibilité nerveuse très développée; je n'y voyais point d'autre cause, car il n'existait pas de lésion extérieure. Je commandai un lait de poule, il en but et il lui fit mal; alors je l'engageai à n'en plus prendre et je partis. Je ne conçus pas l'idée d'un empoisonnement; comment me serait-elle venue? M. Lafarge était entouré de sa mère, de sa sœur, de sa famille. »

Le témoin ajoute que l'autopsie et les analyses chimiques l'avaient convaincu qu'il y avait eu empoisonnement, bien que l'arsenic métallique n'ait point été retrouvé. Il ne donne point, du reste, les motifs de son opinion.

3° Le docteur Lespinasse, de Lubersac, dépose :

« Vers le 13 janvier 1840, à minuit, je fus réveillé en sursaut par ma domestique, qui me dit qu'on venait me chercher pour porter des secours à un malade; je fis monter. Alors un homme couvert d'un grand manteau, les bords de son chapeau rabattus sur sa figure, fut introduit. Il se pencha à mon oreille et me dit (j'ai su depuis que c'était un nommé Denis) que Lafarge était très malade, et qu'on soupçonnait qu'il avait été empoisonné. Sur ma demande quel était le poison qu'on supposait qu'il avait pris, il me répondit : de l'arsenic. Je me levai alors, j'écrivis une ordonnance, et je l'envoyai chercher les remèdes que je croyais salutaires; il revint à une heure, j'étais tout prêt, nous partîmes...

« Nous arrivâmes au Glandier vers trois heures et demi . Denis me prit par la main et m'introduisit dans l'appartement du malade; je me dirigeai vers le lit et constatai de suite les symptômes suivans: constriction à la gorge, ardeur et douleur dans cette partie. A l'inspection, le fond de la gorge me parut rouge et enflammé; l'épigastre et tout l'abdomen étaient souples et peu sensibles à la pression; des vomissemens incessans et des hoquets fréquens fatiguaient le malade. Je sentis toutes les extrémités froides : la circulation du sang était à peine sensible, les battemens du cœur étaient irréguliers. M. Lafarge m'y fit mettre la main à plusieurs reprises, en me disant qu'il le sentait à peine battre. Je remarquai encore des syncopes réitérées auxquelles succédaient une agitation continuelle et un fourmillement général; aussitôt je lui fis administrer un contre-poison, le peroxide de fer...... Le matin, vers les neuf heures, je quittai le Glandier pour retourner chez moi : mais vers les deux heures après midi, je reçus une lettre par laquelle on me priait de revenir au plus vite pour voir M. Lafarge dont l'état avait empiré; j'y arrivai à la chute du jour et je m'empressai d'aller voir le malade. Les hoquets et les vomissemens étaient moins fréquens, mais la faiblesse était beaucoup plus grande, les syncopes plus rapprochées et plus longues. Je lui administrai du carbonate de fer à la suite d'une syncope, pendant laquelle on crut que M. Lafarge rendait le dernier soupir..... Il demanda à boire et prit un peu d'eau glacée...... Dans les derniers momens il devenait toujours plus faible.»

Le témoin qui, du reste, ne dit rien d'important sur la maladie même, a cru dès le premier moment à un empoisonnement par l'arsenic. Il a été confirmé dans son opinion par les recherches des médecins juristes.

Nous ne possédons point d'autres renseignemens de quelque intérêt sur la maladie de Lafarge. Peut-on conclure de ceux que nous venons de rapporter que sa mort ait été la suite d'un empoisonnement?

A cette question on doit sans doute faire la réponse suivante: pour qu'une maladie soit de nature à faire croire à un empoisonnement par l'arsenic, il faut que l'ensemble des symptômes soit ceux d'un tel empoisonnement. Or voici comment ces symptômes sont décrits par Henke, *Elémens de médecine légale*, § 636, éd. 1829.

« Dans le degré le plus violent de l'empoisonnement par l'arsenic, on remarque au moment même où le poison a été avalé, de l'ardeur dans le gosier, puis une douleur vive, brûlante, déchirante dans l'estomac, accompagnée d'angoisses inexprimables et de frissons qui parcourent le corps; après cela vient une soif inextinguible, des douleurs croissantes, des crampes d'estomac, des étranglemens continuels et parfois des vomissemens de sang; assez souvent une diarrhée douloureuse et semblable à celle de la dysenterie. Il y a des tremblemens dans les membres, une sueur froide, un pouls petit, dur et prompt, des convulsions, le délire, des syncopes. Tout-à-coup la douleur parvenue au plus haut degré se calme parce que la gangrène est survenue; le malade perd la connaissance; il devient toujours plus faible et meurt au milieu de convulsions légères. »

Nous retrouvons la plupart de ces symptômes, d'une manière frappante, dans la maladie de Lafarge. S'ils ne nous ont pas tous été retracés, on ne saurait conclure de là leur absence, surtout en considérant la manière superficielle dont les médecins ont en général constaté leurs observations et les ont reproduites dans leurs interrogatoires. En revanche il n'y a pas une seule circonstance de sa maladie qui contredise les symptômes décrits par Henke dans l'année 1829. Le docteur Bardou dit à la vérité que le malade n'avait qu'une soif modérée; mais c'était au commencement de la maladie et plus tard l'ardeur de la soif qu'il éprouvait est démontrée par la circonstance que Lafarge ne cessait de demander de l'eau froide, ce qui a été déposé devant les assises par plusieurs domestiques du Glandier.

Malgré tout cela, il ne s'ensuit pas de ces symptômes

qu'un empoisonnement par le moyen de l'arsenic ait réellement eu lieu et que Lafarge soit mort par suite de cet empoisonnement. Car en admettant qu'un tel empoisonnement *puisse* être la cause de ces symptômes, il ne s'ensuit pas qu'il *doive* nécessairement en être la cause. D'après les observations journalières des médecins, il y a une foule de maladies, auxquelles l'empoisonnement n'a certainement pas contribué, et où cependant on voit paraître les mêmes phénomènes et les mêmes effets. Telle serait par exemple une hernie étranglée, dont en effet, d'après la déposition de madame Lafarge, mère, la pense était d'abord venue au docteur Bardou ; ou bien encore un volvulus ou passion iliaque, laquelle, attendu qu'elle ne se prolonge guère au delà d'un ou deux jours, ne se sera peut-être développée et n'aura causé la mort que dans les derniers momens. Qui sait encore s'il n'a pas existé un choléra sporadique ? car on n'ignore pas que les symptômes du choléra ont la plus étonnante ressemblance avec ceux de l'empoisonnement par l'arsenic. Le docteur Lespinasse conclut à la vérité à l'absence du choléra, parce que les substances que Lafarge a rendues dans ses vomissemens et ses déjections ne ressemblaient point à de l'eau de riz, ainsi qu'il arrive dans le choléra, et que sa peau était froide et dépourvue de sang, tandis que dans le choléra la peau est bleue ; mais on sait que les symptômes du choléra varient à l'infini et que notamment les deux symptômes que Lespinasse exigeait ne se retrouvent pas toujours et partout.

Orfila lui-même dit, devant les assises, que quoique l'ensemble des symptômes donne lieu de soupçonner un empoisonnement par l'arsenic, il est loin de suffire pour que l'on puisse prononcer avec une certitude quelconque qu'il a eu lieu en effet. La découverte seule de l'arsenic métallique permet de conclure péremptoirement qu'il y a eu empoisonnement par l'arsenic.

Cet arrêt d'Orfila est en effet le résultat de la science. Par la même raison la circonstance suivante ne saurait offrir une grande importance. Les symptômes de maladie qui viennent d'être décrits plus haut, doivent confirmer la pensée d'un empoisonnement par l'arsenic, lorsque l'autopsie du corps aura fait paraître des signes qui confirment ces symptômes, et ces signes sont principalement ceux-ci : Le gosier est enflammé et parfois même ulcéré. L'estomac et le canal intestinal sont enflammés et rouges par plaques, friables, secs, excoriés. Les orifices de l'estomac sont ordinairement très resserrés, la peau de l'estomac et des intestins, surtout l'épiderme, est très épaisse, ridée, dure et privée de mucosités; les intestins sont çà et là resserrés. Les poumons sont tachés de noir et de blanc, et le cœur rempli de sang noirâtre et fluide. Sur la peau on voit de grandes taches décolorées, violettes ou noires. (Voy. Henke, dans l'ouvrage ci-dessus, § 637):

Or, il est certain que plusieurs de ces signes ont été reconnus chez Lafarge lors de l'autopsie. On trouva deux taches de sang extravasé aux coudes; l'estomac présentait une plaque rouge, le duodénum était enflammé; les poumons étaient fort rouges.

Mais dans l'endroit même que nous venons de citer, Henke remarque que ces symptômes peuvent provenir aussi d'autres maladies, comme par exemple d'inflammation par des causes morbides, de suintement de la vésicule du fiel, etc. Il rappelle entre autres un cas où des endroits excoriés dans l'estomac et le duodénum avaient fait naître le soupçon d'un empoisonnement, tandis que l'on finit par découvrir une maladie toute différente.

Dans l'espèce, tous les phénomènes qui se sont présentés chez Lafarge, tant pendant sa vie qu'après sa mort, peuvent d'autant moins permettre de conclure avec certitude à un empoisonnement que l'autopsie du cadavre s'est faite avec la plus grande légèreté. Pour admettre même la *supposition* dont nous avons parlé, il faudrait que, par un examen exact, soigneux et particulier de toutes les parties intérieures du corps, on pût prouver que les causes possibles ou probables d'une maladie autre que l'empoisonnement par l'arsenic n'ont point existé, et que l'on n'y a pas remarqué non plus l'absence des effets *particuliers* que cet empoisonnement a coutume de produire dans le corps. Or, cet examen nous manque ici absolument. A chacun des signes qui permettent de soupçonner un empoisonnement, nous demeurons dans l'obscurité et l'incertitude, sans savoir si un examen plus approfondi n'aurait pas fait reconnaître dans le corps une cause de maladie autre et toute différente.

Ici se terminent nos recherches sur le fait objectif. Le résultat auquel nous sommes arrivés est en peu de mots celui - ci : Nous avons trouvé pendant la maladie et à l'autopsie du corps plusieurs symptômes qui permettent de *supposer* un empoisonnement par l'arsenic. Mais cette supposition demeure d'autant plus générale et plus vague que, faute d'une autopsie plus complète, l'absence d'autres maladies qui pouvaient produire et produisent souvent les mêmes phénomènes n'a point été démontrée. Il peut d'autant moins être question de la *certitude* d'un empoisonnement par l'arsenic, que cette certitude exige nécessairement la découverte dans le corps, de l'arsenic métallique. Dans l'espèce, il est fort douteux que de l'arsenic métallique ait été trouvé dans le corps; et dans le cas même où il en aurait été trouvé, il est douteux s'il a existé dans le corps *pendant sa vie*, ou s'il n'y a pas été introduit d'une manière ou d'une autre après sa mort. Nous passons même sous silence la remarque que le demi-milligramme qui aurait réellement été trouvé, ne permet pas de conclure que le défunt ait pris une quantité d'arsenic suffisante pour causer la mort; car on pourrait nous répondre que, vu les fréquens vomissemens du malade, le demi-milligramme trouvé conduit nécessairement à la conclusion qu'il doit en avoir pris davantage.

La certitude du fait objectif manque donc à tous égards.

En conséquence, d'après la législation prussienne,

il doit, sans aucun doute, s'ensuivre un *acquittement pur et simple* de l'accusée. À la vérité le code de Procédure criminelle de Prusse, § 301, n'exige pas toujours, en cas de crime, une preuve complète, mais seulement « *la plus grande probabilité* » de l'existence du fait; mais sans compter que cette disposition ne s'applique qu'à la règle de la preuve complète par deux témoins, et que par conséquent « *la plus grande probabilité* » équivaut à la *conviction*, dans l'espèce nous ne possédons certes pas cette grande probabilité; il y a seulement comme nous l'avons démontré un soupçon vague et éloigné. D'un autre côté notre législation a établi, dans le code de Procédure criminelle, § 169, pour les meurtres en général, et dans le Code général du royaume, tome II, titre 20, § 838, pour les empoisonnemens en particulier, des règles spéciales et différentes. D'après le premier passage, il faut, pour que le meurtre soit censé avoir été commis, que le médecin légiste ait répondu affirmativement à cette question: la mort a-t-elle réellement été la suite d'une blessure (extérieure ou intérieure) reçue par le décédé? Quant au Code général du royaume, il s'exprime en ces termes :

« Le crime d'empoisonnement doit être regardé
« comme commis, quand il est *certain* que le décédé
« est mort *après avoir pris du poison*, et qu'il a été
« découvert, au moins avec probabilité, que la mort
« a été réellement le résultat du *poison qui a été*
« *pris.* »

Il doit donc être complétement prouvé que le poison a été donné et pris. C'est ce qui ne peut se faire que par la découverte incontestable du poison métallique. Cela n'a point eu lieu dans l'espèce.

Nous avons de la peine à croire qu'il pût en être autrement, même quand la loi ne s'exprimerait pas d'une manière si positive. Nous pouvons certifier que toutes les preuves que l'on a alléguées sur le fait de l'empoisonnement n'ont *pas* produit sur nous l'impression de la conviction. Nous sommes restés dans cette obscurité, dans cette incertitude, par suite de laquelle nous ne pourrions condamner sans blesser notre conscience.

Après un pareil résultat, ce ne peut être que pour compléter la solution de la question qui nous a été soumise, qu'en supposant le fait de l'empoisonnement prouvé, nous passons à la seconde partie de notre recherche.

« *Est-ce l'accusée, madame Lafarge, qui a empoisonné son mari?* »

L'accusée a nié le crime d'empoisonnement : il faut donc qu'on lui prouve qu'elle l'a commis. Quant à des témoins oculaires de l'acte, nous n'en avons point, et en effet il est très rare que la nature particulière de ce crime permette d'en avoir. L'accusation a-t-elle plusieurs motifs de soupçons, d'après lesquels il faudrait conclure que l'accusée est réellement coupable. C'est à nous maintenant à examiner ces motifs de soupçons. Ils ont été présentés d'une manière un peu confuse par l'accusation; ils ont été traités et exposés devant les jurés d'une manière plus confuse encore, et en même temps désordonnée: il est donc assez difficile de les ramener à un plan bien suivi, et nous demandons d'avance pardon à nos lecteurs, si nous ne les satisfaisons pas complétement à cet égard. Nous commencerons par les motifs de suspicion les plus graves, et nous passerons ensuite à ceux qui sont plus légers ; car si les premiers ont de l'importance par eux-mêmes, les seconds n'en ont que parce qu'ils se rattachent aux autres. Nous avons été pendant quelque temps dans l'embarras sur la place que nous devions assigner aux motifs que l'on attribuait à l'accusée pour son action ; fallait-il en parler au commencement ou à la fin de nos observations ? Plus d'une raison militait en faveur de l'une ou de l'autre place. Nous nous sommes décidés pour la dernière, afin de prévenir le reproche que l'on aurait pu nous faire, d'avoir voulu affaiblir ou diriger dans une fausse route les impressions que devaient faire sur le lecteur les faits reconnus, en lui inspirant un intérêt trop vif pour la personne de l'accusée.

Ainsi que nous l'avons déjà remarqué en parlant du fait en lui-même, l'accusation repose sur deux actes coupables entièrement différens. C'est d'abord la tentative d'empoisonnement faite en décembre 1839, au moyen du gâteau, et ensuite l'empoisonnement consommé au Glandier en janvier 1840. Nous verrons plus loin jusqu'à quel point ce premier acte criminel, indépendamment de sa position d'acte séparé, devra nous fournir des motifs de suspicion pour l'empoisonnement consommé plus tard.

*Tentative d'empoisonnement au moyen du gâteau
envoyé à Paris.*

Nous avons fait connaître plus haut la manière dont l'accusation raconte cette tentative. Il serait inutile d'en faire ici la répétition. D'après ce récit on se demande si l'on peut en déduire une preuve, ou même un soupçon, que madame Lafarge ait fait une tentative pour empoisonner son mari. Nous devons convenir et nous sommes fermement convaincus que tout le monde conviendra avec nous, que ce fait placé dans sa position isolée, ne peut pas même faire naître la *pensée* d'un empoisonnement. Un caractère extrêmement défiant, un de ces caractères qui se nourrissent en quelque sorte de méfiance, et il en existe de pareils, pourrait, à la vérité, sentir pour un moment cette pensée s'élever dans son esprit; mais une personne, même de ce caractère, ne manquerait pas, dans un moment de calme et de réflexion, de se reprocher son injustice.

Voyons donc ce qu'il y a de vrai dans ce fait et ce qu'il y a de remarquable dans la vérité.

Le 12 décembre, madame Lafarge demanda effectivement de l'arsenic au pharmacien Eyssartier, voici la lettre qu'elle lui écrivit :

« A monsieur Eyssartier.

« Je suis dévorée par les rats, monsieur. Déjà j'ai essayé du plâtre, de la noix vomique pour m'en débarrasser, rien n'y fait. Voulez-vous, ou pouvez-vous me confier quelque peu d'arsenic. Vous pouvez compter sur ma prudence ; c'est pour mettre dans un cabinet où il n'y a que du linge.

« Je voudrais bien avec avoir quelque peu de tilleul et de fleur d'orange.

« Veuillez recevoir, etc.

« MARIE LAFARGE DE GLANDIER.

« Je voudrais un quart d'amandes douces. »

Par suite de cette lettre elle reçut 31 grammes d'arsenic d'après la déposition assermentée d'Eyssartier. On en confectionna de la mort-aux-rats.

Dans cette affaire il n'y a rien de suspect, rien même qui puisse attirer l'attention. En premier lieu l'action d'écrire le billet est des plus naturelles ; ensuite le contenu est fort simple et la cause qui y a donné lieu ne l'est pas moins. Madame Lafarge avait un double motif pour écrire. D'abord on sait que les pharmaciens ne vendent pas de poison sans qu'on leur fasse connaître la cause pour laquelle on en demande. Le meilleur moyen d'indiquer ce motif était d'écrire quelques lignes ; d'autant plus qu'elle avait encore à demander d'autres objets que le messager envoyé à Uzerches aurait pu oublier si elle se fût contentée de lui donner une commission verbale. Ensuite il est vrai que madame Lafarge avait fait avec son mari une visite au pharmacien Eyssartier, et elle regardait en conséquence comme un devoir de politesse de lui demander par écrit ce dont elle avait besoin. Il est difficile de comprendre comment elle aurait pu se procurer l'arsenic d'une manière plus simple, plus naturelle. Toute autre manière, au contraire, aurait paru avec raison surprenante, et l'on ne peut s'empêcher de regarder comme une grande préoccupation de l'avocat général ou plutôt comme une exagération peu louable de ses devoirs, d'avoir trouvé quelque chose de suspect dans cette conduite de l'accusée. Cette préoccupation, ce soin excessif se montrent d'une manière si évidente, qu'il y a tout lieu de penser que l'avocat général aurait regardé comme un bien plus grand crime encore, si l'accusée n'avait *pas* fait la demande par écrit, et si elle s'y était prise de toute autre façon. Du reste plusieurs dépositions prouvent qu'il y avait réellement des rats au Glandier.

Le domestique Alfred Moutardier, et la femme-de-chambre, Clémentine Servat, attestent que le Glandier était infesté de rats. A la vérité l'accusation cherche à rendre ces témoins suspects; mais la présence de beaucoup de rats est prouvée par d'autres voies encore.

1° Par le commis Denis Barbier; cet homme, que nous verrons plus tard, non-seulement poursuivre l'accusée avec une passion incroyable, mais encore jouer lui-même un rôle fort suspect dans cette affaire, est obligé d'avouer qu'il y avait beaucoup de rats au Glandier. Il y en avait même tant, d'après sa déposition, que l'achat de 64 grammes d'arsenic était devenu nécessaire pour les détruire.

2° Par madame Buffières, sœur de Lafarge, qui avoue aussi qu'il y avait beaucoup de rats au Glandier.

3° Mais surtout par la vieille dame Lafarge, mère du décédé. Cette dame, remplie d'une passion aveugle et fort extraordinaire contre l'accusée, soutenait aussi dans le commencement que l'histoire des rats du Glandier n'était qu'un conte ; elle disait qu'il s'y trouvait, à la vérité, quelques souris, mais que celles-ci mêmes n'étaient jamais descendues jusqu'au premier étage, et que, s'il y avait des rats dans la maison, ils ne pouvaient être venus que du dehors. Elle avait, ajoutait-elle, demeuré trente ans au Glandier, et pendant tout ce temps, on n'avait pas acheté pour un sou d'arsenic afin de détruire les rats. Puis tout de suite après elle avoua que le menuisier avait fait quatre souricières, dans lesquelles on avait pris vingt-quatre rats dans la seule salle à manger.

Ce fait prouvait évidemment l'existence d'un grand nombre de rats, et il faut nécessairement demeurer convaincu de la préoccupation passionnée de cette vieille dame, quand on l'entend, tout de suite après avoir raconté cette circonstance, déclarer qu'il n'y a plus maintenant de rats au Glandier. Comme s'ils avaient pu être détruits par la prise de vingt-quatre d'entre eux !

Il est inutile après cela, pour prouver la présence de ces animaux, de rappeler que Madame Lafarge demanda plus tard, en présence du docteur Bardou, et ainsi qu'il l'a déclaré, du poison pour les détruire.

Il ne faut pas s'attacher non plus à la circonstance relative à l'amazone que l'accusée déclare avoir été mangée par les rats, et qui n'a été vue que par la femme-de-chambre Servat. Ce témoin atteste le fait. Il est d'ailleurs fort vraisemblable, la présence d'un grand nombre de rats ayant été prouvée. Enfin l'accusée a demandé plusieurs fois que l'on apportât cette amazone, qui, disait-elle, se trouvait parmi les objets mis sous le scellé au Glandier. Il y a lieu de s'étonner que les magistrats n'aient pas eu égard à sa demande; d'autant plus que le président ne s'est pas fait faute, en d'autres occasions, d'user de son pouvoir discrétionnaire.

Il faut enfin regarder comme prouvé que madame Lafarge a réellement employé l'arsenic à faire de la mort-aux-rats. Non-seulement Clémentine Servat a déposé que l'arsenic avait été remis à cet effet à Alfred Moutardier; non-seulement ce même Moutardier a juré qu'il a reçu l'arsenic et qu'en le pétrissant avec du beurre et du sucre, il en a fait un gâteau de mort-aux-rats qu'il a placé dans le cabinet de madame Lafarge ; mais encore la cuisinière, femme Comby, témoin contre lequel l'accusation n'a rien allégué, a aussi déclaré sous serment que le domestique Alfred a fait de la mort-aux-rats.

La seule circonstance suspecte qui restait à éclaircir, et qui a en effet été rélevée par l'accusation, c'est que plus tard, c'est-à-dire après la mort de Lafarge, le juge d'instruction trouva au Glandier un morceau de mort-aux-rats, qui à l'analyse chimique fut reconnue pour ne *point* contenir d'arsenic. Mais, quoiqu'il n'y ait aucune observation à faire contre ce résultat, rationnellement constaté par les experts de Limoges, en revanche, il n'est nullement prouvé que cette mort-aux-rats ait réellement fait partie de celle que le domestique Alfred avait confectionnée. Cela serait d'autant plus difficile à établir, qu'il n'a pas même été établi avec certitude dans quel appartement elle a été trouvée et par qui elle a été remise au juge d'instruction. Si une pièce aussi importante doit vraiment être regardée comme pièce de conviction telle, il faut qu'elle prouve son authenticité par son origine, de même qu'un témoin vivant le doit faire par sa vie antérieure. En tout cas si l'accusée avait réellement fait faire de la mort-aux-rats qui ne contînt point d'arsenic, elle aurait plus tard trouvé moyen de détruire cette pièce de conviction.

Il nous reste à examiner si la suite des événemens est de nature à faire naître des soupçons.

Le surlendemain de l'achat de l'arsenic, c'est-à-dire le 14 décembre, l'accusée pria sa belle-mère, de faire quelques petits gâteaux qu'elle voulait envoyer à son mari à Paris. La mère prépara en effet les gâteaux. L'accusée la pria ensuite aussi d'écrire un petit billet à son fils pour lui dire que les gâteaux venaient d'elle, de sa mère. La vieille dame écrivit encore ce billet. L'accusée emballa les gâteaux et soigna elle-même leur envoi à la diligence. Elle écrivit en même temps à son mari de manger ces gâteaux le 18 décembre à minuit, en compagnie de sa sœur et à la vue de son portrait, et qu'elle ferait pendant ce temps la même chose au Glandier. A Paris, au lieu de plusieurs petits gâteaux, il en arriva un seul grand. Lafarge en mangea un petit morceau. Bientôt après il fut pris de vomissemens violens accompagnés de symptômes que nous voulons bien pour un moment regarder comme ceux d'un empoisonnement par l'arsenic.

On ne saurait disconvenir que si les choses s'étaient passées exactement de cette manière et si les circonstances particulières qui les ont accompagnées ne pouvaient pas être mieux éclaircies, elles ne pussent, dans leur ensemble et en considérant surtout le mystérieux échange des gâteaux, exciter quelques soupçons, bien vagues à la vérité et bien éloignés. Mais quoique l'échange des gâteaux n'ait pas pu être expliqué, tout le reste des circonstances a été exposé d'une manière si favorable à l'accusée, et il a été si bien prouvé qu'elle n'a eu aucune part à cet échange, que ce soupçon, fût-il même beaucoup plus positif que nous l'avons supposé, devrait nécessairement se dissiper.

L'idée d'une union sympathique, par le moyen d'un repas, comme celui que nous avons décrit et qui du reste a réellement eu lieu au Glandier, est à la vérité d'une nature un peu romanesque et peut paraître étrange de la part de personnes graves et raisonnables. Mais elle cessera d'offrir cette apparence quand on considérera la position réciproque des deux époux. Tous deux étaient jeunes, dans cet âge où le cœur de l'homme éprouve facilement un sentiment de tendresse et où, dans cette situation, il se laisse non moins facilement

entraîner à des actions qui peuvent paraître puériles.
Quant à la tendre amitié que les deux époux éprouvaient l'un pour l'autre, les lettres qu'ils s'écrivaient
précisément à cette époque la démontrent. Nous reviendrons plus tard là-dessus, pour réfuter un nouveau
chef d'accusation tiré de cette circonstance même et
dont nous ne parlerons pas ici pour ne pas rompre la
chaîne des événemens. Marie Lafarge se livrait d'autant
plus volontiers aux projets romanesques que lui inspi-
rait sa jeune tendresse, qu'elle était naturellement d'un
caractère vif, très impressionable et d'une imagination
exaltée par la vie remuante de Paris.

Elle envoya donc son portrait à son mari à Paris. A ce-
là il n'y a rien d'extraordinaire: c'était au contraire une
chose convenue entre les deux époux, à la prière de
Lafarge lui-même. Une artiste, mademoiselle Brun,
avait été, à cet effet, appelée depuis quelque temps au
Glandier. Qu'y avait-il, après ce que nous venons de
dire, de plus naturel que de joindre à l'envoi du portrait, l'exécution d'une petite idée romanesque qui devait lui donner une signification particulière pour le
cœur? La pensée d'un repas fait au même moment s'ac-
cordait parfaitement avec l'idée première, dans tout
son ridicule enfantillage. Qu'aurait-elle pu d'ailleurs envoyer du Glandier à Paris? ou bien qu'aurait-on pu
mettre autre chose dans la caisse destinée à l'envoi du
portrait? A cela il faut ajouter que Lafarge aimait
beaucoup ces gâteaux qu'il mangeait habituellement au
Glandier, et qu'il aurait pu difficilement se procurer à

Paris. A tout prendre cet envoi de gâteaux n'a ici rien d'extraordinaire. Quand elle lui aurait envoyé une boucle de ses cheveux et qu'il serait tombé malade après l'avoir baisée, la chose n'en serait pas plus innocente. Et pourtant l'avocat général n'aurait pas manqué d'en tirer aussi des motifs de suspicion.

Mais, dit l'accusation, Marie Lafarge ne prépara pas elle-même les gâteaux ; ce fut la mère qui les fit, il fallut encore que la mère écrivît à son fils que c'était elle qui les avait faits. Ces circonstances sont vraies, et il ne s'ensuit rien. Loin de là, elles annoncent plutôt l'innocence de l'accusée. Si elle avait fait elle-même les gâteaux, il pourrait s'élever de là un motif de soupçon contre elle, puisqu'il est prouvé qu'au Glandier ces gâteaux étaient toujours faits par la mère : or, comme le fait que l'accusation incrimine était d'un usage ordinaire au Glandier, à combien plus forte raison le contraire n'aurait-il pas paru, de la part de l'accusée, étrange et remarquable ? D'ailleurs, d'après la déposition assermentée de la cuisinière du Glandier, la mère a tenu à faire elle-même ces gâteaux, en ajoutant : *Ils seront plus chers à son cœur*. Il en est de même du billet écrit par la mère : voici ce qu'elle dit en parlant de ce billet :

« J'écrivis.... : « Marie veut absolument que je t'écrive. » Je lui disais que Marie voulait manger de semblables gâteaux à la même heure, et je marquai dans ma lettre : « Il faut que ce soit son bon génie qui lui ait inspiré de « faire ce repas à la même heure que toi. »

Elle parlait donc positivement dans sa lettre de *plusieurs* gâteaux. Or, il n'en est arrivé qu'un seul à Paris, et cela d'une espèce telle que la mère n'avait pas coutume d'en faire. C'est avec celui-là que, selon l'accusation, l'accusée a voulu empoisonner son mari. Et en même temps, elle s'y serait prise d'une manière qui devait empêcher que le soupçon n'en tombât sur elle. Pour cela, il était nécessaire qu'elle fît naître la pensée qu'elle n'avait eu aucune part aux objets qui renfermaient le poison, c'est-à-dire aux gâteaux qui arriveraient à Paris, et que ce poison y avait été introduit par un autre. En ce cas, il faut admettre de deux choses l'une : ou bien elle envoya le billet, et ce billet disait que la mère avait fait plusieurs gâteaux d'une espèce différente; cette circonstance devait alors nécessairement faire naître le soupçon qui réellement s'est élevé plus tard; et l'accusée dont la prudence, la ruse et l'adresse ont été si souvent alléguées comme autant de motifs de suspicion contre elle, aurait donné, dans cette occasion, la preuve d'une sottise et d'une imprudence sans exemple; ou bien elle n'envoya pas le billet, et alors elle n'avait aucun motif pour le faire écrire par la mère; car l'observation qu'elle pensait que la vieille dame ne parlerait pas *du nombre* des gâteaux n'a aucune portée, attendu que, d'après la déposition de cette dernière, Marie Lafarge avait particulièrement désiré que la mère parlât de plusieurs gâteaux. D'un autre côté, après les instances qu'elle avait faites auprès de sa belle-mère, elle donnait, en n'envoyant pas le billet, des armes contre elle à l'accusation.

On donne encore comme un motif de suspicion qu'elle ait écrit à son mari de manger ces gâteaux en commun avec sa sœur, madame de Violaine. Par là, dit l'accusation, elle a voulu inspirer plus de sécurité à son mari en se mettant elle-même à l'abri de tout soupçon à venir, et l'observation qu'en ce cas elle aurait voulu empoisonner aussi sa sœur tombe, car elle savait que sa sœur n'était pas à Paris. Si, en effet, l'accusée avait pu avoir la certitude de cette absence, l'objection n'aurait pas été sans force; mais il n'est nullement prouvé qu'elle l'ait eue. Au contraire, le 14 décembre, jour de l'envoi des gâteaux, elle avait tout lieu de croire que sa sœur était à Paris; car, d'après une lettre authentique de son mari, celui-ci lui écrivait le 3 décembre : « M. et madame de Violaine sont partis pour Dourdan et doivent revenir sous peu habiter leur nouveau séjour. »

Nous arrivons au point principal de l'accusation au sujet de cette tentative d'empoisonnement, à l'échange des gâteaux; il est impossible d'en méconnaître l'importance; mais est-il prouvé? Et quand il le serait, est-il prouvé que l'accusée y ait eu part?

On peut, à dire vrai, regarder comme prouvé qu'un grand gâteau de six à sept pouces de circonférence est arrivé à Paris; cela a été déclaré par le garçon Parant et par le commis Félix Buffières.

Mais ce qui est loin d'être prouvé, c'est que cet échange soit le fait de l'accusée. Voici ce qui est établi au sujet de la confection et de l'envoi des gâteaux. Une vingtaine de petits gâteaux, de la grosseur et de la circonférence d'un petit biscuit d'un sou, furent apprêtés; ils furent pétris par la vieille dame Lafarge et ensuite cuits au four de la cuisine, où se trouvait alors la cuisinière. La petite fille de madame Buffières les porta dans la chambre de madame Lafarge. Là se trouvaient, indépendamment de madame Lafarge elle-même, la femme-de-chambre, mademoiselle Brun et les enfans de madame Buffières. La vieille dame Lafarge s'y rendit aussi, quand elle eut appris de la cuisinière que les gâteaux y avaient été portés. Tout cela a été attesté par les dépositions de ces diverses personnes. C'est dans cette chambre que madame Lafarge, avec l'aide de sa femme-de-chambre, arrangea la caisse destinée à l'envoi du portrait. Elle y mit ce portrait, plus une paire de pantoufles, une montre appartenant à mademoiselle Brun, de la musique, des petits gâteaux et des marrons. La vieille dame Lafarge elle-même atteste ces deux circonstances, savoir, que les petits gâteaux furent mis dans la caisse, et que l'accusée avait posé des marrons *par dessus*. Elle ajoute que ces marrons étaient mauvais, et qu'elle s'était fâchée de ce que l'on faisait payer un port inutile à son fils en les lui envoyant : elle assure l'avoir dit immédiatement à mademoiselle Brun. La femme-de-chambre a déposé de la même circonstance. La caisse fut fermée sur-le-champ dans la chambre même, ficelée et remise avec une lettre, par la femme-de-chambre, au nommé Montezin, qui les porta le même soir, à six heures, à Uzerches. Ce fait a été aussi attesté par les mêmes personnes. Le témoin Montezin a ajouté que madame Lafarge lui aurait dit que, s'il avait peur, il pouvait remettre son départ au lendemain matin.

Il n'est guère possible de rien trouver de suspect dans tout ce qui s'est passé à cette occasion. L'accusée n'a rien fait que ce qu'il fallait nécessairement faire en pareille circonstance. Elle a tout fait ouvertement, en présence d'un grand nombre de personnes de la maison, impartiales et à l'abri de tout soupçon. Il est donc à peine croyable qu'elle ait pu faire elle-même cet échange, ou du moins il est si invraisemblable que la raison n'admet pas qu'un soupçon puisse tomber à cet égard sur l'accusée.

Mais voici qu'il se présente un témoin qui raconte d'une autre manière ce qui s'est passé, et quelques circonstances de son récit sont de nature à faire naître des soupçons. Ce témoin c'est mademoiselle Brun l'artiste. Ce n'est pas encore ici le lieu d'examiner quelle foi peut être due à son témoignage, eu égard à sa position personnelle ; il faut réserver cette recherche pour le moment où nous devrons parler d'une autre de ses dépositions plus importante que celle-ci. Quoi qu'il en soit, elle a déclaré qu'elle se trouvait aussi dans la chambre de madame Lafarge, où la caisse avait été arrangée. Elle a vu que des marrons ont été mis dans la caisse, ou bien, selon une autre rédaction, que les coins vides de cette caisse ont été remplis de marrons. Mais elle n'y a point vu mettre de gâteaux. C'est madame Lafarge qui lui a dit qu'elle y avait mis des gâteaux. Et en même temps elle lui aurait dit qu'elle avait mis ces gâteaux dans une boîte qu'elle était allée chercher dans son cabinet de toilette. Elle a dit aussi qu'elle a vu madame Lafarge sortir de la chambre pour aller chercher cette boîte et qu'elle n'est revenue qu'au bout de cinq minutes. Du reste le témoin n'a pas vu si elle a réellement rapporté une boîte et si elle y a mis des gâteaux; elle ne sait rien non plus d'un grand gâteau.

Si ces circonstances étaient vraies, on pourrait à la vérité en tirer, contre l'accusée, un soupçon d'échange des gâteaux surtout quand on réfléchit que le grand gâteau est précisément arrivé à Paris dans une boîte; mais cette déclaration de mademoiselle Brun paraît absolument indigne de croyance, car elle est sans vraisemblance, et d'ailleurs en contradiction directe avec d'autres circonstances prouvées.

Non-seulement la femme de chambre Clémentine Servat, de qui à la vérité le témoignage a été attaqué par l'accusation, mais encore la mère de Lafarge, qui ne saurait être nullement suspecte quand il s'agit de parler en faveur de l'accusée, disent positivement que l'accusée a mis les petits gâteaux dans la caisse et a posé les marrons par dessus. Il n'est en outre nullement croyable que l'accusée ait dit à mademoiselle Brun qu'elle voulait mettre les gâteaux dans une boîte, à moins d'admettre qu'elle ait avec intention menti à ce témoin. Or cela serait invraisemblable par un motif tout simple, c'est qu'elle aurait par là rendu plus attentif le témoin qui, restant dans la chambre, n'aurait pas manqué de découvrir son mensonge. Ce qu'il y a d'ailleurs de remarquable, c'est que mademoiselle Brun est la seule qui ait entendu ces paroles de l'accusée, et que les autres témoins n'en ont eu aucune connaissance. Cependant mademoiselle Brun n'a pas prétendu qu'elle fût seule dans la chambre avec l'accusée.

Mais indépendamment de celle-là, nous trouvons encore de toutes parts des invraisemblances foncières dans la déclaration de mademoiselle Brun. Il n'y avait aucun motif pour mettre le gâteau dans une boîte à part, et l'accusée n'en a donné aucun. De sorte que si elle avait quitté la chambre pour aller chercher une boîte, elle aurait fait quelque chose d'extraordinaire; et en disant au témoin qu'elle allait chercher une boîte, dans cette intention, c'est-à-dire qu'elle allait faire quelque chose d'extraordinaire, elle éveillait naturellement dans celle-ci une attention plus grande que de coutume. Or, cette même attention, ainsi excitée, devait nécessairement, d'après tout ce que nous apprend la psychologie, porter le témoin à profiter des cinq minutes d'absence de l'accusée pour examiner l'état de la caisse qui restait là ouverte; pour s'assurer par conséquent si les gâteaux se trouvaient ou non déjà dans la caisse; tandis qu'elle dit elle-même qu'elle n'a pas songé à regarder s'il y avait des gâteaux dans la caisse. Elle avait d'ailleurs un motif tout particulier pour voir comment la boîte était placée dans la caisse, car il s'y trouvait aussi une montre qui lui appartenait et qui étant un objet fragile pouvait courir des risques si la boîte n'était pas convenablement assujettie. Malgré cela elle avoue qu'elle n'a pas même vu la boîte, loin de regarder comment elle avait été emballée. N'est-il pas d'ailleurs bien invraisemblable que si l'accusée se préparait à commettre un crime, elle soit restée cinq minutes hors de la chambre, exposée pendant tout ce temps au danger d'être découverte ? N'est-il pas plus invraisemblable encore qu'elle eût, dans aucun cas, besoin de rester si longtemps dehors ?

Si le gâteau empoisonné, envoyé à Paris, provenait réellement d'elle, il est certain qu'elle avait préparé son crime avec beaucoup de ruse et de finesse, et dans ce cas il est difficile de comprendre comment elle pouvait avoir encore besoin d'un retard de cinq minutes. Était-ce pour faire cuire le gâteau ou pour le mettre dans la boîte ?

Il fallait qu'elle eût agi avec beaucoup de folie et d'imprévoyance, en ne préparant pas tout cela d'avance, et c'est ce que l'on ne peut supposer d'une personne aussi soigneuse, aussi prudente qu'elle, et qui a déployé ce caractère dans tout le reste de sa conduite. Elle aurait donc eu besoin de cinq minutes pour aller chercher une petite boîte dans la pièce voisine. Et pendant ce temps elle abandonnait sa caisse et s'exposait au danger de faire découvrir par les assistans que les gâteaux qu'elle venait elle-même d'y placer en avaient été retirés; ce qui n'aurait pas manqué de donner lieu aux questions et aux recherches les plus propres à la trahir. Il est vraiment inutile d'ajouter encore un mot pour prouver que l'on ne peut admettre la déposition de mademoiselle Brun. Cela devient du reste évident par une autre circonstance. Mademoiselle Brun, nous le reconnaîtrons plus tard quand il s'agira de dépeindre son caractère, paraît être du nombre de ces personnes, douées d'une imagination romanesque, qui sans avoir précisément un mauvais cœur, poussées par la force de cette même imagination et en même temps pour se rendre intéressantes, tantôt racontent elles-mêmes de petites histoires, tantôt ajoutent à des histoires déjà répandues des circonstances qu'elles jugent devoir en augmenter l'intérêt, et puis, quand elles sont une fois en train, en brodent de plus en plus les détails. Ainsi elle a entendu dire qu'un gâteau était arrivé à Paris dans une boîte et son imagination a pu se mettre à l'œuvre pour ne se reposer que quand elle croirait avoir deviné comment cette boîte s'est trouvée là. Cette recherche offrait de l'intérêt et donnait pâture à l'imagination. Nous avons vu comment elle s'y est prise. L'accusation ajouta foi à ses discours et adopta même avec ardeur ce qui nous semble les inventions de l'imagination de mademoiselle Brun. Lors de son premier interrogatoire chez le juge d'instruction, elle ne parla pas du temps que l'accusée était restée hors de la chambre ; elle se borna à dire que madame Lafarge était allée dans son cabinet pour chercher la boîte. Plus tard elle semble avoir jugé que cela ne suffirait pas. Il était plus satisfaisant pour l'imagination de penser que l'accusée était restée un certain temps dehors ; cela permettait de former toutes sortes de conjectures sur ce qu'elle avait fait pendant ce temps pour introduire le poison dans le gâteau. Par son imagination elle jugeait de celle des autres ; et avec raison, car l'avocat-général avait déjà prouvé combien il sympathisait avec elle. Ce fut alors qu'elle ajouta que l'accusée était restée cinq minutes hors de la chambre. Quand on lui demanda pourquoi elle n'avait pas parlé de cette circonstance devant le juge d'instruction, peu de semaines après l'événement, alors que tous les détails devaient encore être présens à sa mémoire, elle ne put s'en tirer qu'en donnant un démenti aux procès-verbaux de son interrogatoire ; elle soutint qu'elle l'avait dit ! Il est surprenant que l'avocat-général qui menaçait de poursuivre sur-le-champ pour faux témoignage tous les témoins à décharge qui avaient le moins du monde l'air de se contredire dans les circonstances les plus frivoles, n'ait point usé dans cette occasion du pouvoir que lui donnait sa place.

On pourra juger combien le portrait que nous venons de tracer de mademoiselle Brun et de ses inexactitudes est peu exagéré, en se rappelant que, lors de son interrogatoire devant la Cour, elle commença tout de suite par parler de la boîte, et que sa seconde parole était toujours et de nouveau la boîte, en sorte que le président fut obligé de l'avertir par un : « n'allons pas si vite, » de conserver l'ordre des faits. C'est toujours des fantômes créés de son imagination que l'on aime le plus à s'occuper.

Si de cette façon la déclaration de mademoiselle Brun se montre évidemment inexacte, l'emballage et l'envoi des gâteaux sont en revanche aussi clairs que nous l'avons représenté plus haut : aussi n'y a-t-il pas de vraisemblance à ce que le gâteau qui est arrivé à Paris, y ait été envoyé par l'accusée. Cette invraisemblance augmente encore quand on se demande comment l'accusée se le serait procuré. Dans ce gâteau il y avait de l'arsenic. Il aurait donc fallu que l'accusée l'eût pétri elle-même, ou bien qu'elle l'eût fait faire par une personne de confiance qu'elle avait mise dans le secret du crime qu'elle projetait. Or, cette personne de confiance ne pouvait être que la femme de chambre Clémentine Servat ; car il n'y a aucune autre personne qui soit désignée comme ayant des relations le moins du monde intimes avec l'accusée. En tout cas, il fallait que ce fût une personne qui habitât le Glandier, puisque des rapports avec des étrangers auraient naturellement augmenté les soupçons contre l'accusée. Mais après cela comment aurait-elle pu trouver au Glandier l'occasion de faire cuire ce gâteau ? Le four était placé dans la cuisine. Il n'a jamais été dit qu'il y eût au Glandier un second four ou bien un endroit quelconque où l'on aurait pu faire cuire ce gâteau. Il faut donc admettre qu'un endroit pareil n'y existait pas si l'on ne veut pas reconnaître une incroyable négligence dans l'accusation. Or, il est prouvé que l'accusée ne s'est point servie du four qui se trouvait dans la cuisine. La cuisinière a déposé que jamais personne ne s'est permis de rien faire dans sa cuisine, où il paraît qu'elle jouissait d'un pouvoir absolu. D'ailleurs la preuve que ce gâteau n'a pu être cuit que dans un four bien disposé et non pas en cachette,

c'est qu'on lit dans une lettre de Lafarge qu'il était ex-
cellent et avait parfaitement réussi. A la vérité l'avocat-
général a voulu soutenir dans l'origine que cette lettre
avait été écrite avant l'arrivée du gâteau, mais il a été
obligé de reconnaître plus tard qu'elle était d'une date
postérieure.

En dernier lieu, on est obligé de se demander pourquoi l'accusée aurait envoyé précisément un grand gâteau à Paris puisqu'elle voulait empoisonner son mari
avec des gâteaux. Rien ne pouvait être plus maladroit.
De tous les moyens qu'elle avait à sa disposition, elle
aurait précisément choisi celui qui devait le plus facilement faire découvrir son crime. On n'a qu'à réfléchir
à cette circonstance, relevée par la défense, que le grand
gâteau ne pouvait pas être mangé en une fois, et que, par
conséquent, les restes devaient nécessairement trahir le
coupable, tandis que deux petits gâteaux auraient, selon
toutes les probabilités, été consommés sans laisser de
débris. Elle aurait donc commis cette faute sans aucune
nécessité. Il est évident qu'elle aurait pu bien plus facilement, plus commodément et plus sûrement préparer
et expédier un ou deux petits gâteaux de la même espèce que ceux qu'avait faits la vieille dame Lafarge. Il
n'est pas douteux qu'elle aurait *pu* les faire, puisque
sans cela la vieille dame et madame Buffières n'auraient
pas attaché tant d'importance à ce que l'accusée ne les
avait réellement pas faits. On ne peut pas admettre non
plus qu'elle aurait eu besoin de faire pour cela certains
préparatifs qui l'auraient trahie, car alors l'observation

en aurait été faite. D'ailleurs, il n'était pas même nécessaire de pétrir elle-même les gâteaux empoisonnés. Il aurait été beaucoup plus facile et plus simple d'introduire le poison dans les gâteaux faits par la mère. Ce poison consistait en de l'arsenic en poudre. Elle pouvait fort bien en saupoudrer les gâteaux. Cela aurait même fait illusion à l'œil, car l'arsenic pulvérisé ressemble à du sucre en poudre. Le moyen était bon, car pendant la longue route l'arsenic se serait nécessairement incorporé avec la pâte. Il pouvait s'exécuter sans que personne le remarquât, surtout si nous admettons, comme l'a déclaré mademoiselle Brun, que l'accusée soit restée cinq minutes dans son cabinet de toilette. Et nous remarquons en passant que l'on peut tirer de là un nouvel argument contre la foi due au témoignage de mademoiselle Brun, surtout quand on songe que cette demoiselle qui, plus tard et dans d'autres occasions, a dit avoir en effet vu jeter ainsi de la poudre blanche, devait, selon l'usage de ces personnes à imagination vive, mettre quelque variété dans ces inventions. En disant toujours la même chose, elle aurait été ennuyeuse et nullement intéressante.

Faut-il maintenant, après ce que nous avons dit, que nous exprimions notre conviction? Alors nous dirons que ce n'est point l'accusée qui a envoyé le gâteau qui est arrivé à Paris, qu'il est *impossible* qu'elle l'ait envoyé. Le témoin Montézin déclare qu'il a porté sur-le-champ aux messageries à Uzerches la caisse qui lui a été remise par l'accusée. Cette déposition est confirmée par celle de madame Chasseny directrice de la diligence à Uzerches, qui déclare que la caisse a été déposée chez elle le soir même. Ce témoin a déposé encore que cette caisse est partie pour Paris, dans la nuit du 15 au 16, par la diligence de Toulouse et qu'elle est restée pendant tout l'intervalle dans son bureau. Enfin la caisse est arrivée par la même diligence, le 18 au soir à Paris. Là, c'est Lafarge lui-même qui va la chercher à la diligence. Il la trouve ouverte et l'on dit qu'elle l'a été par les employés de l'octroi. Mais de cela il n'a point été apporté de preuves. Elle avait du reste été fermée avec des petits clous que personne n'a vus au Glandier. Cependant personne n'a osé soutenir qu'après l'expédition de la caisse, l'accusée ait quitté le Glandier ou bien qu'elle en eût fait sortir d'une manière suspecte aucune personne jouissant de sa confiance.

De cela peut se déduire un autre résultat très important. Certains gâteaux ont été expédiés du Glandier; un gâteau d'une espèce différente est arrivé à Paris. Cela n'est point douteux après les dépositions de Parant et de Félix Buffières. Or si ce n'est point l'accusée qui a envoyé le gâteau qui est arrivé, il faut nécessairement qu'un tiers soit mêlé dans l'affaire. En conséquence ce chef d'accusation, soit qu'on le considère lui-même comme une tentative d'empoisonnement, soit qu'on veuille seulement le regarder comme un motif de suspicion, se tourne au contraire tout entier en faveur de l'accusée.

Ici il faut rappeler encore deux circonstances.

En premier lieu la défense soutient que d'une des lettres de Lafarge, on doit conclure qu'il est réellement arrivé plusieurs gâteaux à Paris, et par conséquent qu'il n'y a pas eu d'échange du tout. Mais cela n'est pas exact. Le passage de la lettre que Lafarge a écrite à sa femme après l'arrivée du gâteau à Paris est de la teneur suivante :

« L'idée de ces deux petits gâteaux de notre mère m'enchante, et encore son génie de vouloir me faire dîner avec toi ; maintenant il faut que je te dise tout bas un petit secret : ici je compte les minutes, les heures, les jours, les quantièmes ; j'ai bien peur que tu n'aies pas assisté au dîner où tu m'avais invité, et voici comment : tu m'engages donc à manger à minuit précis le délicieux gâteau ; d'un autre côté je vois dans ta lettre d'aujourd'hui que le 17 tu te proposes d'aller manger une dinde aux truffes, etc. »

Des premiers mots : l'idée *de ces deux petits gâteaux*, la défense voudrait conclure qu'il est arrivé plusieurs gâteaux à Paris ; mais ils prouvent évidemment le contraire. La suite fait voir clairement qu'il n'est arrivé qu'un seul gâteau, et si dans le commencement Lafarge parle d'un second gâteau, il n'a pu vouloir entendre par là que le gâteau que sa femme devait manger en même temps au Glandier.

L'accusation prétend encore qu'un motif de suspicion s'élève contre l'accusée de ce qu'à l'époque de l'envoi des gâteaux, elle ne se bornait pas à écrire à son mari la lettre la plus tendre pour augmenter de plus en plus sa sécurité, mais encore de ce qu'elle avait choisi pour cet envoi, précisément le moment où il venait d'obtenir son brevet d'invention. L'avocat-général a été obligé de rétracter plus tard, comme inexacte, cette dernière assertion, s'étant convaincu, par les lettres de Lafarge lui-même, qu'il n'obtint son brevet qu'après avoir mangé le gâteau, ainsi qu'il en donnait l'avis à sa femme. Quant à la première, on verra plus bas qu'elle se réfute d'elle-même quand nous ferons connaître en son temps les rapports des deux époux entre eux.

Pour terminer il nous reste à examiner les motifs suivans de suspicion, allégués par l'accusation.

1° L'accusée, à l'époque de l'envoi des gâteaux aurait témoigné une grande inquiétude; elle aurait parlé de pressentiment de mort, de deuil de veuve, etc., et aurait eu à tous égards un maintien fort extraordinaire,

Ce que l'on a pu trouver d'étrange dans le maintien de l'accusée, paraît d'autant plus problématique qu'il aurait dû, ce semble, donner beaucoup plus tôt lieu à un soupçon particulier, sans que l'on eût besoin d'attendre pour cela les déclarations de mademoiselle Brun. Mais d'un autre côté encore, cette circonstance tombe entièrement quand on l'examine de plus près, et fait voir d'une manière déplorable toute la légèreté et la crédulité de l'avocat-général en établissant les chefs d'accusation.

La première circonstance sur laquelle on fonde ce soupçon, se serait passée peu de temps avant l'envoi des gâteaux.

Les pressentimens extraordinaires dont il est question

auraient été exprimés par l'accusée à la nièce de son mari, Emma Pouthier, qui se trouvait alors au Glandier. Celle-ci a déposé à ce sujet dans les termes suivans :

« Il s'est passé quelque chose comme cela ; mais c'est si enfant, si absurde que cela ne me serait pas revenu à l'esprit, j'aimerais mieux n'en pas parler et je n'y vois rien d'important. Cependant puisque vous l'exigez je vais tout dire : c'est très simple. Nous étions engagées pour une fête où je ne voulais pas aller. Je donnai pour excuse le manque d'habillemens convenables. Marie Cappelle s'empressa de sortir ses vêtemens ; elle prit plaisir à me faire essayer une robe. J'insistai pour qu'elle en fît autant elle-même. Elle prit une robe blanche qui se trouva être par hasard sa robe de mariage ; elle prit un voile et un livre : « Me voilà, dit-elle en riant, telle que j'étais le jour de mon mariage. » Nous essayâmes encore quelques robes. Dans la nuit, nos lits étant très rapprochés, il arriva que le feu mal éteint de la cheminée s'étant rallumé, les meubles frappés de ces lueurs incertaines, me parurent s'agiter et vaciller comme des fantômes. « O mon Dieu ! m'écriai-je, j'ai « peur ! » (Je n'avais pas bien peur toutefois, mais un peu). Marie Cappelle me plaisanta sur ma frayeur ; je me levai et je fermai la porte. Je me crus dégagée de ce moment d'illusion ; mais, soit mauvaise disposition d'esprit, soit souvenir de la veille, je me crus un moment sous l'influence magnétique ; la veille en effet on avait parlé de magnétisme. Marie Cappelle parlait continuellement de madame de Montbreton qu'elle aimait

beaucoup, et qui, disait-elle, l'avait magnétisée à Paris.
Je me figurai qu'elle était alors sous l'influence de cette
dame, et moi aussi... C'était peu raisonnable, car je ne
connaissais même pas madame de Montbreton... « O mon
« Dieu! dis-je alors, il me semble voir des fantômes!...»
— « Moi aussi, répondit Marie Cappelle. Alors nous...»

Le témoin n'en dit pas davantage. Le président des
assises interrompit en cet endroit le récit d'une aventure
qui était réellement puérile, et à laquelle l'ignorance
passionnée de madame Lafarge mère, et on pourrait
presque dire aussi celle de l'avocat-général, avaient seules
pu attacher quelque importance.

La seconde circonstance aurait eu lieu peu de temps
après l'envoi des gâteaux; elle est attestée par la vieille
dame Lafarge et par mademoiselle Brun. La première
dit :

«Plus tard elle (l'accusée) me dit: «J'aurai du malheur.
«Oh! mon pauvre Charles, il va lui arriver du malheur,
«je vais recevoir de mauvaises nouvelles.» Cela ne m'af-
fectait guère, sachant que mon fils jouissait d'une ex-
cellente santé. Puis elle me parlait de veuvage, demandait combien de temps les veuves portaient le deuil dans
le pays. Je lui dis même pour la contenter, et sans y attacher grande importance, que le deuil était de deux ans
pour les femmes, et d'un an pour les hommes. Elle répondit que si un malheur lui arrivait, elle ne le porterait que comme à Paris, pendant une année. Puis encore
elle disait qu'elle attendait des lettres et craignait d'en
recevoir, d'en voir arriver une avec un cachet noir. Je

lui répondis que tout cela n'était que folles idées, qu'il ne fallait pas tant se préoccuper d'un cachet, et s'attacher davantage à l'écriture, quand on connaît celle des personnes qui vous écrivent. Ce fut alors qu'arriva la lettre de mon pauvre fils; il me faisait part de son indisposition. Marie parut fort chagrinée. « Vous voyez bien, « disait-elle, que j'avais raison d'avoir des pressentimens « comme cela; j'étais bien sûre de ne pas me tromper; «je ne me trompe jamais dans mes pressentimens.»

Voici ce que dit mademoiselle Brun :

« Elle (l'accusée) manifesta une vive anxiété, parlait de lettres qui devaient lui apporter de mauvaises nouvelles, et qu'elle craignait de voir arriver un cachet noir. »

La déposition de la vieille dame Lafarge, si pleine de prévention, ne montre en réalité autre chose que l'inquiétude naturelle à une jeune femme séparée de son mari, ce qui se présente journellement dans la vie. Il faut bien de la malveillance ou une préoccupation bien profonde pour voir un crime dans de pareils sentimens ou pour en tirer la preuve d'un crime. Comment d'ailleurs Marie Cappelle, femme si discrète, si prudente et que l'accusation nous dépeint même comme si rusée, aurait-elle trahi si maladroitement son crime ?

2° Vers le même temps et après l'envoi des gâteaux, l'accusée aurait montré beaucoup d'impatience de recevoir des lettres; elle se serait même levée de table pour aller au devant du facteur.

Elle avoue sans hésiter cette circonstance. Mais elle

déclare que, dans la solitude où elle vivait, elle était toujours avide de lettres, et qu'il lui est arrivé fort souvent d'aller au devant du facteur. Cela est facile à croire : car personne n'a dit le contraire, et ce fait a par lui-même d'autant moins d'importance que, d'après l'expérience psychologique, la conscience d'un crime l'aurait au contraire rendue plus réservée, par la crainte de se trahir. Il existe à la vérité un petit nombre de cas où les criminels se sont trahis ainsi; mais cela n'est jamais arrivé que chez des personnes des classes inférieures qui n'avaient pas appris à commander à leurs passions et aux traits de leur visage.

3° Enfin, l'accusée se serait rendue suspecte en disant, lorsqu'elle eut appris l'indisposition de Lafarge, qu'il fallait la cacher à sa mère.

L'accusée dit qu'elle ne se rappelle pas cette circonstance. Mademoiselle Brun est la seule qui l'ait déclarée. En attendant, si elle est vraie, elle prouve seulement l'intérêt que madame Lafarge prenait à sa belle-mère. Mais elle est du reste à peine croyable : car la vieille dame Lafarge, d'après sa propre déclaration, a reçu immédiatement la nouvelle de l'indisposition de son fils et cela de l'accusée elle-même.

Il n'est sans doute pas nécessaire d'en dire davantage pour repousser le soupçon de l'empoisonnement par le gâteau.

Nous voici donc arrivés à la scène principale de cette double et doublement terrible tragédie, c'est-à-dire à *l'empoisonnement au Glandier même.*

Cet empoisonnement se serait prolongé depuis le 3 jusqu'au 11 ou même jusqu'au 13 janvier. Les débats contiennent à ce sujet un grand nombre de dépositions différentes ; mais la plupart d'entre elles n'offrent aucune importance et ne sont que des rapports de tierces personnes, c'est-à-dire des témoignages par ouï-dire.

L'accusation selon l'usage ordinaire en France, a suivi aussi dans cette occasion le système de rappeler à la mémoire des jurés toutes les circonstances suspectes du fait, par la voix d'autant de témoins que possible, sans examiner si ces témoins avaient une connaissance directe et personnelle des faits dont ils déposaient, ou bien s'ils ne les avaient appris que par des voies détournées, souvent de la troisième et quatrième main, et par des personnes plus ou moins dignes de foi. C'est là un artifice pour imprimer une chose dans l'esprit, et qui manque rarement son effet sur des jurés peu accoutumés à de semblables affaires. Quant à nous, nous n'avons pas à nous occuper de pareils témoignages. Notre seul but est d'établir la vérité des faits qu'il s'agit de prouver, autant du moins qu'il est possible d'établir une vérité historique. Un fait n'en devient pas plus certain parce que le témoin qui l'a vu, l'a raconté ensuite à dix personnes et celles-ci à cent autres, que si dans l'origine il n'en avait rien dit à qui que ce fût. Ces dépositions de personnes tierces ne font qu'embrouiller les affaires au lieu de les éclaircir. Ce n'est que dans quelques cas fort rares qu'une circonstance particulière peut faire faire à cet égard une exception. Nous n'avons donc affaire ici qu'aux dépositions des personnes qui ont déclaré ce qui était à leur connaissance individuelle, et quant à celles-là, elles sont en fort petit nombre. Après une courte introduction, nous les rapporterons l'une après l'autre, sans interruption, et nous examinerons ensuite ce qu'il faut regarder comme prouvé d'après le plus ou moins de foi qu'elles peuvent mériter, tant par elles-mêmes que par la position des personnes.

Le 3 janvier au soir, M. Lafarge revint de Paris au Glandier; il était indisposé et fut obligé de se coucher. Sa femme s'assit auprès de son lit; sa mère se trouvait aussi dans la chambre. Sa femme mangea en sa présence d'une volaille aux truffes; il eut envie d'une truffe et en mangea; bientôt il fut pris de vomissemens violens; ils augmentèrent rapidement; la position de Lafarge devint dangereuse. On envoya donc chercher le docteur Bardou. La maladie s'agrava et l'on fit appeler un second médecin, le docteur Massenat. L'état du malade ne s'améliorait point. Les choses restèrent dans le même état jusqu'au 11 janvier sans que personne eût encore manifesté aucun soupçon de poison; le petit nombre de circonstances qui, après que les soupçons se furent une fois élevés, furent désignés *à posteriori*, comme suspectes, seront indiquées par nous quand nous rapporterons les diverses dépositions.

Il n'y a en effet rien de suspect dans tout ce que nous avons raconté jusqu'à présent. La seule circonstance qui pourrait offrir quelque apparence équivoque, ce sont les vomissemens qui ont suivi immédiatement la truffe mangée par Lafarge. Mais en y regardant de plus près cette apparence s'évanouit. Lafarge était arrivé malade au Glandier; il fut obligé de se coucher sur-le-champ : il se plaignait précisément d'une indigestion. Les truffes ne sont point un aliment facile à digérer. Il n'y a donc rien d'étonnant à ce qu'il ait vomi après en avoir pris. Mais il n'est pas même établi qu'il ait vomi tout de suite après avoir mangé cette truffe, ou parce qu'il l'avait mangée. La mère du décédé dit seulement que les vomissemens ont commencé quelque temps après. A cela il faut ajouter qu'il avait vomi, même en arrivant, et après avoir pris un verre d'eau. A la vérité, ce verre d'eau lui avait été apporté par la femme-de-chambre Clémentine Servat, et la mère, ainsi que l'accusation, paraissent attacher de l'importance à cette circonstance; la première dit: « Je voulais lui apporter de l'eau, mais Marie dit : « il faut que ce soit de l'eau fraîche ». Sur quoi Clémentine en alla chercher, et mon pauvre fils but le verre d'eau sucrée et vomit après. » Mais encore il n'est point dit que Servat ait apporté l'eau toute sucrée, il est impossible qu'elle ait pu avec tant de promptitude et de manière à ce que personne ne s'en aperçût, empoisonner un verre d'eau claire.

Il est encore plus difficile de croire que la truffe mangée par Lafarge ait été empoisonnée. Elle était placée sur la même assiette avec les autres truffes et avec la volaille. Le poison dont on l'aurait saupoudré, se serait donc inévitablement mêlé au reste du contenu de l'assiette et l'accusée se serait empoisonnée en même temps que son mari. C'était là un danger qu'elle ne pouvait manquer de courir, même quand elle aurait choisi elle-même la truffe qu'elle présenta à son mari, et la déposition généralement confuse de la vieille dame Lafarge ne dit rien à ce sujet. Mais que devait-il arriver si Lafarge choisissait lui, la truffe, et s'il en prenait une autre que celle qui avait été empoisonnée? L'accusée courait alors le danger de manger elle-même la truffe empoisonnée, qui pouvait si facilement se confondre avec les autres; ou bien, si elle continuait à la distinguer, elle devait, en la laissant exprès de côté, faire naître de graves soupçons, d'autant plus que l'on savait, par une de ses lettres à Lafarge, qu'elle aimait beaucoup les truffes. Il faut en vérité supposer une imagination bien audacieuse d'une part, bien simple et bien mesquine de l'autre (car une raison calme ne l'admettra jamais), pour croire à l'empoisonnement de cette seule truffe ou même de deux. Cela n'étonne pas de la part d'une vieille femme d'un esprit borné, telle que madame Lafarge mère; mais un avocat-général n'aurait pas dû accepter un pareil conte.

Nous passons maintenant aux autres circonstances. Elles sont attestées par quatre témoins à charge, dont il faut que nous rapportions ici en détail les dépositions.

1° La mère de feu Lafarge. Après avoir raconté les événemens déjà connus qui suivirent immédiatement le retour de son fils, elle continue ainsi :

« J'envoyai chercher bien vite M. Bardou, qui après avoir examiné le malade, dit qu'il croyait qu'il avait une hernie. Cependant il lui voyait des rougeurs, des boutons dans la bouche. Comme le mal redoublait, je fis venir M. Massenat, il vit aussi l'inflammation et attribua le mal à une esquinancie... Marie Cappelle disait : « Ce n'est rien, c'est pour se faire plaindre, il est trop « délicat.... Ce n'est pas la peine d'envoyer chercher des « médecins. Vous allez voir comme il aime à se faire « plaindre. Tenez, Clémentine, vous allez voir comment « il aime à se faire plaindre », et elle s'approche du lit en disant : « Eh bien, mon pauvre Charles, vous êtes « bien malade, vous souffrez bien. Voyez, ajoutait-elle, « comme il est content? il aime qu'on le plaigne. » Quant à moi j'envoyai chercher les médecins le matin, et cela de moi-même. Marie disait toujours : « Ce n'est « pas la peine. » Alors je lui répondais : « Je ne puis « pas attendre qu'il soit trois heures du soir et que vous « soyez levée. Il y a là des domestiques, cinq ou six che- « vaux; je puis bien en prendre un. ».... Le vendredi il fut bien malade; il se plaignait très fort.... Marie Cap- pelle se dit aussi malade, elle avait pris un lait de poule; Charles voulut en prendre; on en prépara un, mais il dormait. Marie l'emporta dans sa chambre, disant que son mari le trouverait meilleur en apprenant qu'elle l'a- vait eu dans sa chambre. Cependant quand le lait de poule fut apporté, Charles n'en voulut pas; il dit, après en avoir goûté : « Qu'est-ce que je vois donc sur ce lait « de poule? on dirait qu'il y a une poudre dessus, on di- « rait que c'est de la chaux ». Madame Buffières dit : C'est « probablement le sucre qui n'est pas bien fondu, nous

« allons en faire d'autres pour voir s'ils produisent le
« même effet.» On en fit un, on en fit même deux avec
le même sucre et dans le même bain-marie. On souffla
même la cendre du bois de noyer qui était au feu ; ça ne
fit pas le même effet ; je dis alors à Marie : « Marie, qu'a
« donc votre sucre? Voyez donc ce que fait le sucre que
« vous avez mis? » Elle répondit tranquillement qu'elle
ne savait pas. Cependant, par prudence, je mis le lait
de poule dans l'armoire. »

Le témoin raconte ensuite ce qu'elle remarqua pendant qu'elle préparait un lavement pour son fils.

« Marie tenait un calmant qu'on avait préparé pour
lui, et elle cherchait comme cela dans sa poche. (Le
témoin fait ici le geste de quelqu'un qui cherche avec
précipitation dans sa poche). J'avoue que ce que j'avais
déjà vu, que ces indices de poison me donnèrent à penser ; cela m'*estomaca*. Lorsqu'elle eut remué le calmant,
elle posa une cuiller sur le bord de la cheminée, en la
tournant en dedans. Je m'approchai, et je vis au fond
de la cuiller de la poudre blanche non délayée. Pendant
le temps que je mis à emporter le clyso-pompe, elle
s'empressa de s'approcher du lit avec le calmant. Je
ne fus pas maîtresse de moi-même et je m'écriai :
« Ah! Charles, ça te fera mal; » mais déjà il avait bu.
Je vis comme une pâte blanche au fond de la cuiller,
et je lui dis : « Ah! Marie, qu'avez-vous donc donné
« là à mon fils? » Elle me répondit tranquillement :
« C'est de la poudre de gomme; je lui en mets dans
« toutes ses potions. » Je lui dis : « Comment pouvez-

« vous prendre sur vous de changer les ordonnances des
« médecins? Cette poudre peut empêcher l'effet du remède. » Elle ne répondit rien. Plus tard je trouvai
la cuiller essuyée et lavée. »

Sur la question adressée alors au témoin si elle était
bien sûre d'avoir dit : « Marie, qu'avez-vous donné à
mon fils? » Elle répondit :

« Oh! oui, monsieur, je le jure; je ne dis que la vérité; que la vérité dont je suis bien sûre. Si je doutais de
quelque chose, j'aimerais mieux le passer sous silence. »

Sur une nouvelle question, si elle avait déjà des soupçons, elle dit :

« J'avais des inquiétudes, de grandes inquiétudes;
ces lettres, ces diamans m'avait frappée; et puis (je me
rappelle), j'avais appris que, la veille, Denis lui avait
apporté pour vingt sous d'arsenic. Denis que j'avais
interrogé me l'avait avoué en me disant : « Madame
m'a bien défendu de vous le dire, elle vous connaît si
craintive. » Je fis part de toutes ces inquiétudes à ma
fille, à mademoiselle Brun, à M. Magneaux. Mademoiselle Brun me dit alors : « Oh! madame, je n'osais pas
« vous dire, mais j'ai vu Marie mettre de la poudre
« blanche dans un verre d'eau rougie et le remuer. Je
« lui ai demandé ce que c'était, et elle ne m'a pas donné
« de bonne réponse. » Je fis part à Charles de ce que
j'avais appris, il me dit : « Oh! ma pauvre maman,
« quelle idée as-tu là, ma pauvre maman? Que crains-
« tu donc de cet arsenic? Marie l'a demandé devant
« moi à M. Bardou. » Il me demanda de lui apporter

le bol de lait de poule et l'examina. La poudre blanche
était parsemée dessus. Il prit un peu de cette poudre,
la passa entre ses doigts en la frottant, et, tout effrayé,
avec un accent qui fit peur, il s'écria : « Oh! mon
« Dieu, mais je ne connais pas cela! Portez vite cela
« chez M. Eyssartier et faites-le examiner. »

Après que le témoin a rapporté la déclaration d'Ey-
sartier, elle poursuit ainsi :

« Lorsque Charles apprit ce qu'avait dit M. Eyssartier,
il s'écria : « Ah! mon Dieu! c'était de l'arsenic! Je suis
« mort! J'en ai trop pris. Ah! que c'est donc affreux!
« Pauvre malheureux que je suis! Ah! ne me quittez
« pas! ne me quittez plus! Entourez mon lit! » Depuis
ce moment, vous le comprenez bien, nous ne le quittâmes
plus, nous étions toujours autour de son lit comme
pour lui faire un rempart; nous n'en approchions que
les bouteilles à la main sans oser les mettre sur la table; nous tenions tous les médicamens dans de petites
fioles bouchées. Je dis à la petite : « Charlotte, tu iras
« toi-même chercher de l'eau toutes les fois qu'il en aura
« besoin. Tu ne t'arrêteras pas en route. Tu l'apporte-
« ras de suite ici sans parler à personne et sans t'arrê-
« ter. » Nous passâmes tout ce temps sans avoir un seul
instant de repos.

« Pendant ce temps mon pauvre enfant devenait de
plus en plus malade; il ne pouvait plus respirer, il n'é-
tait pas un seul instant sans avoir de l'eau sur la figure
avec une éponge; il était bien souffrant. Il fut question
de lui faire des frictions sur l'estomac avec de l'huile,

et du laudanum étendu sur une flanelle. Marie dit à sa bonne, en indiquant une flanelle qu'on avait déjà mise autour de son cou quand il avait des sangsues. « Clé-« mentine, apportez donc cette flanelle. » Clémentine l'apporta et on la plaça provisoirement sur le canapé. Je veux prendre la flanelle pour y mettre le laudanum ; en la prenant, je sens quelque chose de graveleux comme de la chaux mal écrasée. Étonnée de cela, je secoue bien fort, je secoue encore, dans tous les sens, toujours comme cela (le témoin secoue avec force le mouchoir qu'elle tient à la main), il en tomba une poudre blanche comme de la farine. Je reposai la flanelle sur le canapé, et M. Fleygnat dit qu'il ne fallait pas s'en servir. »

L'avocat général ayant demandé au témoin si sa bru n'avait pas cherché à l'éloigner de son fils, elle répondit :

« Oui, monsieur, et M. Bardou m'a vue un jour bien pleurer pour cela. Marie voulait que je me couchasse ; je ne pouvais pas me coucher. J'allais faire un tour dans une chambre, et j'étais si bourrelée que je revenais de suite. Elle voulait me faire en aller et disait : « Si vous ne reposez pas, je le dirai à mon Charles. » Je répondis en pleurant : « Ne l'inquiétez pas. Il est bien « juste que vous soigniez votre mari, mais je suis sa mère. « Ne lui dites pas, ne lui faites pas de peine. » Je sortis alors, et je pleurai dans le corridor. M. Bardou m'a vue dans cet état-là. Elle avait l'air quelquefois de s'en amuser un peu, en disant : « Que faites-vous donc là ? »

Le témoin termine ainsi sa déposition :

« Dans les derniers momens, Charles ne pouvait plus

regarder sa femme. Celle-ci s'étant approchée de son lit, il la regarda avec des yeux... (le témoin jette devant elle des regards où se peint l'effroi) et en disant : Huh! huh! huh! par trois fois, avec un grand soupir du fond du cœur. Je n'ai plus voulu quitter mon pauvre Charles. Il me demanda jusqu'à son dernier moment. Enfin, il s'est écrié : « Allez, allez chercher....? Il n'a plus rien dit. »

2°. La sœur du défunt, épouse de M. Léon Buffières. Elle dit :

« Le 11 janvier, j'entrai dans la chambre de mon frère, à huit heures du matin, et je lui dis que je venais de porter un lait de poule à sa femme. Mon frère me dit qu'il voudrait bien en avoir un peu, et que cela lui ferait grand plaisir, surtout parce que cela viendrait de Marie. J'allai donc dans la chambre de ma sœur; mais déjà elle avait tout bu. Alors elle me dit d'en faire un second, et qu'on lui ferait croire que c'était le même. Je le fis et le mis auprès du feu dans la chambre du malade, parce qu'alors il reposait. Alors la femme-de-chambre Clémentine vint le prendre et le porter sur la table de nuit du malade. Mademoiselle Brun m'a dit qu'elle l'avait vue mettre de la poudre dans la tasse et remuer avec son doigt. Toujours est-il que quand le lait de poule fut reporté dans la chambre de Charles, je vois qu'il y avait à la surface quelque chose de blanc, que je fis voir à ma mère et à M. Bardou. Celui-ci en goûta un peu, et nous dit qu'il croyait que c'était de la chaux, et que cela provenait peut-être du sucre mal raffiné. Nous jetâmes néanmoins le lait de poule, et nous en fîmes un second avec le même sucre pour essayer s'il produirait le même effet; mais nous ne trouvâmes pas cette poudre blanche que nous avions vue à la surface de l'autre. Il resta au fond du vase un sédiment qu'on fit porter le lendemain à M. Eyssartier, pharmacien à Uzerches, pour qu'il en fît l'analyse. C'est le soir que mademoiselle Brun me dit ce qu'elle avait vu, et elle ajouta encore qu'elle avait vu ma belle-sœur mettre de la poudre blanche dans de l'eau panée, et que comme elle avait demandé ce que c'était, ma belle-sœur lui avait dit que c'était de la gomme; et qu'une autre fois, comme elle lui donnait à boire, Charles avait dit : « Marie, qu'est-ce que tu me donnes là ? Ça me « brûle. » Mademoiselle Brun m'a dit que ma belle-sœur avait répondu : « Ce n'est pas étonnant, il a une in- « flammation et on lui donne du vin. » Dans le même moment que mademoiselle Brun racontait cela, ma mère dit aussi que, de son côté, elle avait vu sa belle-fille mettre de la poudre blanche dans une cuillerée de potion qu'elle préparait pour Charles et qu'elle lui avait dit que c'était de la gomme, mais qu'elle était bien effrayée, parce qu'elle avait vu dans les mains d'Alfred et de Clémentine un paquet de poudre blanche, et que ceux-ci avaient paru vouloir le cacher. M. Magneaux survint alors, et se mêla à la conversation; nous lui fîmes voir le résidu du lait de poule; il dit que cela pouvait bien être de l'arsenic, parce que Denis en avait apporté de Brives. M. Denis, qu'on fit appeler sur-le-champ, qu'on interrogea, répondit qu'en effet, il avait apporté de l'arsenic de Brives, et qu'il l'avait remis à madame Charles; qu'il avait promis le secret, mais que puisqu'on l'interrogeait, il devait dire la vérité. Quand M. Denis fut sorti, mademoiselle Brun nous raconta que le matin, au moment où l'on avait placé le lait de poule destiné à mon frère sur la table de nuit de sa femme, celle-ci avait demandé à sa femme-de-chambre un pupître contenant une écritoire; qu'ayant entendu madame Charles déchirer du papier, cela avait excité sa curiosité, et qu'ayant porté ses regards sur le lit où était cette dame, elle l'avait vue verser de la poudre blanche dans le lait de poule qui était sur la table de nuit; qu'elle l'avait mêlée avec son doigt à deux reprises différentes; qu'un moment après elle demanda à ma belle-sœur ce qu'elle avait mis dans ce lait de poule, et qu'elle avait répondu que c'était un peu de fleur d'orange pour faire dormir mon frère; que sur l'observation qu'elle lui avait faite qu'elle y avait mis autre chose, elle avait répondu : « *Non !* » Ce que venait de raconter mademoiselle Brun, ce que ma mère avait aperçu de son côté, joint à une lettre que mon frère m'avait remise le 16 août dernier et dans laquelle madame Charles lui disait les choses les plus terribles, tout cela, dis-je, me fit soupçonner que les différentes matières qu'elle avait mises, soit dans le lait de poule, soit dans les autres boissons dont j'ai parlé, pouvaient être du poison. Je m'empressai de faire part à mon frère de mes soupçons pour qu'il n'acceptât de boisson que des personnes sur lesquelles il pouvait compter. Mon frère crut d'abord que mes soupçons n'étaient pas fondés, avec d'autant plus de raison que sa femme lui témoignait beaucoup d'affection depuis le jour qu'il avait fait son testament en sa faveur, mais cependant comme ses souffrances devenaient plus intenses, et qu'il ne savait à quoi les attribuer, attendu qu'il n'y avait point de fièvre, le dimanche au point du jour, il demanda à voir la tasse, et ayant touché la matière qu'elle contenait, il en parut effrayé et me pria de l'envoyer de suite, par quelqu'un de sûr à M. Eyssartier pour qu'il en fît l'examen... Cela se fit sur-le-champ... Nous veillâmes avec grand soin et nous ne quittâmes plus notre pauvre frère. Il cherchait toujours des yeux M. Magneaux. Celui-ci étant arrivé, nous lui demandâmes s'il y avait de l'arsenic; il me répondit : « Il y en a. » Ma mère et moi nous transmîmes cette réponse à Charles. Nous lui dîmes qu'il était empoisonné. Alors il me regarda avec des yeux hagards ; il ne répondit pas ; il mit sa main sur la poitrine et dit : « Je suis mort! je suis mort! j'en ai trop pris! » On lui mit des sangsues au cou d'après l'ordonnance de M. Lespinasse. Charles demanda qu'on arrachât l'une des sangsues. Je ne voulais pas me déranger pour aller chercher un grain de sel pour faire tomber la sangsue. Marie s'approcha pour l'arracher; mais Charles la voyant arriver, repoussa sa main et porta la sienne à son cou, comme pour le protéger. En même temps Charles porta sur elle un regard des plus amers, qui avait plus d'expression que les plus amères paroles. Le lendemain, j'étais dans la chambre de Marie, je me promenais en parlant avec désespoir de cette catastrophe : « A quoi, disais-je, me servira la fortune ; je n'ai « plus rien à désirer, à conserver ; mon pauvre frère ! « mon pauvre frère ! Ah ! je n'ai plus besoin de for- « tune ! » Alors madame Lafarge dit d'un ton impé- rieux : « Que cela ne vous inquiète pas, j'ai un testa- « ment. »

3° Mademoiselle Brun dit :

« J'étais au Glandier quand M. Lafarge revint de Paris ; madame Lafarge tenait beaucoup à être seule avec lui quand il reviendrait. Comme il était tombé malade, elle me disait souvent : « Sortez de la chambre. »

« Le 10 janvier, M. Denis lui apporta un petit paquet couvert d'un papier gris ou bleu ; le soir, son bureau s'entr'ouvrit, et je remarquai le même papier. Le len- demain, 11 janvier, j'étais couchée, je voulais me lever, elle ne le voulut pas, et me dit que c'était inutile ; ma- dame Lafarge se fit faire un lait de poule, M. Lafarge en demanda, il n'y en avait plus ; alors madame La- farge dit : « Il faut en faire un autre pour faire croire à « M. Lafarge que c'est le même. » Quand il fut fait, elle le fit apporter dans sa chambre dans de l'eau chaude. Au moment où je descendais de mon lit, je la vis prendre la tasse et vider dedans une certaine quantité de poudre blanche, la remuer avec soin avec son doigt. Je lui de- mandai si elle avait mis quelque chose dans cette poudre qui calmât M. Lafarge ; elle répondit : « On y a mis de la farine. » — « Il me semble, lui dis-je, qu'on y a mis autre

« chose? » Elle me répondit que non. Il était midi alors. Je vis le lait de poule en entier sur la cheminée; ayant remarqué sur la surface des globules de poudre blanche, je le dis à madame Buffières, qui le dit elle-même à M. le docteur Bardou; celui-ci en ayant goûté, dit que c'était sans doute du sucre mal raffiné. On fit un nouveau lait de poule où on employa le même sucre. Madame Lafarge mère prit même de la chaux, de la cendre, et rien ne produisit le même effet. Madame Lafarge mère, inquiète et sachant que j'avais vu mettre de la poudre, fit analyser ces substances par M. Eyssartier.

« Le même jour, madame Lafarge prit un verre et y mit du vin et du pain. J'étais alors tournée du côté de la commode, j'entendis ouvrir le tiroir de cette commode et remuer quelque chose. Madame Lafarge fit aussi de l'eau panée; elle donna à son mari de ce vin sucré. M. Lafarge dit que cela le brûlait. « Que dit-il? » demandai-je à madame Marie; je priai madame Marie de me le répéter; « Il dit que cela le brûle; mais ce n'est « pas étonnant, on lui donne du vin, et il a une inflam- « mation. » Elle prit ensuite le verre dans lequel était tout le vin et alla le laver immédiatement. Je m'approchai du lit, et je vis sur le bol qui contenait la panade une poudre blanche en petite quantité. Je l'ai vue mettre de la poudre dans l'eau sucrée; comme elle vit que je la remarquais, elle y mit beaucoup d'eau, et je suis presque certaine qu'elle a bu. »

Le président ayant fait remarquer ici au témoin qu'à un précédent interrogatoire, elle avait dit qu'elle était certaine de l'avoir vue boire, elle répond: « Je crois bien avoir dit que je *croyais* être presque certaine. » Après cette interruption elle continua ainsi:

« Il y avait dans le tiroir un pot plein de poudre blanche, et sur le tiroir une traînée de poudre. J'en portai sur ma langue et je sentis pendant quelque temps des picotemens. »

Sur la question qui lui est alors adressée: « En avez-vous avalé? » Elle répond: « Je ne le crois pas; je n'en suis pas sûre. »

Puis on lui demande si elle a été malade et elle dit: « Non, monsieur. »

— « Et l'accusée? » — « Elle a eu des vomissemens pendant la nuit. »

Enfin le témoin dit encore:

« Le soir du 13, madame Marie parut très inquiète et me dit: « En retour des tristes jours que vous allez « passer avec nous, veuillez recevoir une bague de mes « cheveux et de ceux de mon Charles ».... Ce fut dans la nuit du 11 au 12 que M. Lafarge changea de conduite envers sa femme. Lorsqu'elle venait auprès de lui, il disait: « J'étouffe », et avait toujours des vomissemens convulsifs. Jusqu'alors il s'était toujours occupé d'elle. »

Plus tard le témoin dit aussi que le pot avec la poudre blanche est restée encore pendant dix jours dans le tiroir.

4° Le commis Jean Denis, ou pour mieux dire Barbier, dit:

« Le 8 janvier, madame Marie Lafarge ayant appris

que j'allais à Lubersac, me fit appeler dans son appartement. Etant avec elle, elle me fit sortir sur le parterre,
et me recommanda de lui apporter de l'arsenic, du boudin et des saucisses. J'achetai le boudin et les saucisses,
mais je ne jugeai pas à propos d'acheter de l'arsenic.
Le 9, j'en achetai à Brives pour vingt sous chez M. Lafosse. Le 11, devant aller à Tulle pour les affaires de
M. Lafarge, je reçus un billet de madame Charles
Lafarge par sa domestique. Elle me disait dans ce billet
d'acheter à Tulle du boudin, des saucisses, de l'arsenic
et une souricière. Craignant que madame ne se fâchât,
je dis à ma femme : « Il faut que je lui donne cet arsenic,
car on me l'a demandé deux fois. » Je dis encore à ma
femme : « Je crains bien que cet arsenic ne serve à faire
mourir M. Lafarge. » Je disais cela parce que madame
Charles avait dit devant M. Magneaux que si elle voulait, dans vingt-quatre heures, son mari n'existerait
plus. Elle avait dit encore qu'elle ne porterait le deuil
qu'un an, comme à Paris, si son mari venait à mourir. »

Le président fait expliquer au témoin sa déposition.
— Il n'a pas remis le poison à madame Lafarge, parce
que M. Lafarge était malade et qu'il craignait qu'on
n'en fît usage sur lui. Cette crainte lui venait du propos
qu'il n'a pas entendu lui-même, mais que M. Magneaux
lui a répété. Quand madame Lafarge le chargea d'acheter
l'arsenic, elle lui dit, mais sans mystère et d'une façon
naturelle : « Nous préparerons cette mort-aux-rats tous
les deux. N'en parlez pas à ma belle-mère elle est si mi-
nutieuse. »

Un juré ayant demandé comment il se faisait qu'avec tous ses soupçons il eût obéi à l'accusée et lui eût apporté de l'arsenic, il répond :

« J'avais peur de déplaire à madame. J'étais sûr, en lui déplaisant, que son mari me mettrait à la porte. J'étais bien chez M. Lafarge, je désirais y rester. »

A la question du président quel jour il a parlé à madame Lafarge mère, de ses soupçons, il répond :

« C'est le 11 janvier, le jour où je lui ai rapporté un soufflet. J'étais fort inquiet ; j'avais remis le paquet à Clémentine et je la vis, le 11, qui tripotait cela. J'ai fait semblant de rien, je suis sorti ; je suis rentré de suite, comme si j'avais oublié quelque chose et je n'ai plus rien vu. M. Magneaux avait dit la même chose à madame Lafarge mère, car il l'avait apprise à Brives. Il lui dit : « Faites venir Denis. Il vous dira qu'il a acheté « vingt sous d'arsenic. » Madame Lafarge mère me dit : « Qu'avez-vous apporté hier ? » — « Des boudins et des « saucisses. » — « Et encore ? » — « Un soufflet. » — « Et « encore ? » — « De l'arsenic. » Je ne voulais pas le dire, mais je ne sais pas mentir. »

La défense ayant marqué son étonnement de ce qu'avec ses soupçons, le témoin eût acheté la quantité énorme de 64 grammes, il répond qu'il n'avait jamais acheté d'arsenic ; qu'il en fallait beaucoup pour détruire tous les rats qui étaient au Glandier ; qu'il croyait que c'était très cher et qu'il en avait acheté pour 20 sous. Il avoue plus tard que ce n'est pas le 11, mais le 10 au soir qu'il a remis l'arsenic.

Pour bien comprendre l'importance de cette déposition, il faut se rappeler que, d'après les recherches des chimistes, le lait de poule contenait de l'arsenic aussi bien que l'eau sucrée et l'eau panée. Cela est établi par les experts de Brives et par ceux de Limoges. Ces derniers notamment disent, en parlant du lait de poule, que l'acide arsénieux s'y trouvait en si grande quantité qu'il y en avait assez pour empoisonner au moins dix personnes.

Il est évident que si les dépositions que nous venons de rapporter étaient toujours conformes à la vérité, il faudrait regarder l'accusée comme convaincue de l'empoisonnement de son mari. On dirait en vain que son innocence paraît certaine, en vain on lutterait contre la conviction de sa culpabilité. Même d'après la législation prussienne (qui exige à la vérité pour la condamnation à la peine ordinaire du crime, la preuve directe, soit par l'aveu du coupable, soit par la déclaration de deux témoins oculaires, mais qui, lorsque plusieurs indices indirects se réunissent, admet l'application d'une peine extraordinaire), d'après cette législation même, disons-nous, le juge n'aurait pas hésité dans ce cas à appliquer cette peine extraordinaire. Il faut en effet que les jurés de Tulle aient ajouté une foi entière à ces dépositions, puisque sans cela ils n'auraient jamais pu prononcer leur verdict.

Mais que restera-t-il de vrai de ces dépositions si l'on y porte le scalpel de la critique qui peut seule nous guider dans toutes les opérations de notre esprit? C'est ici qu'il convient d'examiner les dépositions de chacun de ces témoins, tant d'après leur valeur intrinsèque que d'après le degré de croyance qui peut être dû à ceux qui les ont faites. Nous suivrons pour cela l'ordre dans lequel nous les avons rangées. Nous trouvons donc d'abord :

1° *La déposition de la vieille dame Lafarge.*

Indépendamment de la grande confusion qui y règne, on n'y trouve que les circonstances suivantes qui peuvent paraître, en quelque sorte, charger l'accusée.

1° L'accusée n'a pas voulu, d'après elle, que l'on appelât un médecin auprès de Lafarge malade.

La vieille dame cherche du moins à introduire ce fait dans son récit, et l'accusation voudrait bien l'y trouver. Mais, sans compter son peu de vraisemblance, si on lit avec attention la déposition, on voit qu'il n'y est pas même contenu. L'accusée ne s'est point opposée à ce qu'on allât chercher un médecin; seulement elle ne croyait pas que cela fût nécessaire dès les premiers vomissemens, qui paraissaient tout simples. D'ailleurs l'accusée nie cette assertion de la manière la plus forte, en soutenant que c'est elle au contraire qui a insisté dès l'origine pour que l'on appelât un médecin. De quelque manière que cela soit arrivé, ce qui est certain, c'est que la vieille dame Lafarge n'a pas dit l'exacte vérité. Il est d'abord fort peu vraisemblable que l'accusée, si elle avait réellement empoisonné son mari, eût voulu se trahir elle-même en refusant les secours de la médecine. La moindre réflexion devait lui faire comprendre que quand même elle réussirait à éloigner les médecins dans les premiers momens, cela ne lui serait pas possible dans la suite de la maladie, surtout avec le caractère inquiet de sa belle-mère qui serait appuyée dans ses réclamations par toute la famille. Son opposition ne pouvait donc servir qu'à faire naître des soupçons contre elle. Bien des cas d'empoisonnement nous ont passé sous les yeux, nous n'en avons jamais rencontré un seul où le coupable se soit opposé à l'appel d'un médecin; loin de là, il cherchait toujours à écarter les soupçons, en insistant plus fortement même que d'autres pour que l'on invoquât les secours de la médecine.

L'inexactitude de la déclaration de la vieille dame Lafarge se prouve encore par la circonstance suivante. Elle dit avoir répondu au refus de sa bru par ces mots : « Je ne puis pas attendre jusqu'à trois heures de l'après-midi que vous soyez levée. » Ces paroles contenaient un reproche amer contre l'accusée; celui d'un grand défaut d'amitié pour son mari. Ce reproche ne découlait pas naturellement du seul refus de l'accusée; il supposait un soupçon déjà très fort ou du moins des rapports déjà pleins d'aigreur entre la belle-mère et la bru. Or rien de tout cela n'existait. Quant à la mésintelligence, et la vieille dame Lafarge et madame Buffières attestent à plusieurs reprises qu'il n'y en avait point; l'une et l'autre ne cessent de dire qu'elles éprouvaient une amitié extraordinaire pour l'accusée, qu'elles faisaient tout ce qui lui était agréable, et qu'elles ne pouvaient rien lui refuser. Mais si dès-lors on avait eu des soupçons, on n'aurait pas passé huit jours entiers sans employer aucune mesure contre le poison. Cette seule circonstance réfute d'une manière incontestable la déclaration de la vieille dame.

2° L'accusée a voulu l'éloigner du lit de son fils.

Cette accusation est encore moins soutenable que la précédente. Il y avait déjà huit nuits que la vieille dame n'avait pris aucun repos. C'est ce qui engagea l'accusée à insister pour qu'elle allât se coucher. C'est là tout, tant d'après la déposition de la vieille dame elle-même que d'après celle du docteur Bardou qui était présent à cette scène. On trouvera là une preuve fort naturelle de l'intérêt que la fille prenait à sa belle-mère, mais nullement un motif de suspicion. Dans quel but l'accusée aurait-elle cherché à éloigner alors la vieille dame, dont les yeux devaient d'ailleurs se fermer à chaque instant, quand depuis huit nuits elle n'avait pas eu l'air de craindre sa présence? Serait-ce pour avoir à sa place une garde plus éveillée, plus attentive, pour témoin de son crime?

3° L'accusée aurait mêlé une poudre blanche dans une boisson destinée à Lafarge.

Vu la liaison de cette circonstance avec celles qui ont été rapportées par les autres témoins, nous serons obligés d'y revenir plus tard. Nous le passons donc provisoirement sous silence.

4° Quand il a été question de frictionner la poitrine de son mari avec de l'extrait d'opium, elle a envoyé chercher par sa femme-de-chambre un morceau de flanelle dans lequel il y avait une poudre blanche que l'on a prise pour de l'arsenic.

L'accusée nie cette circonstance; la femme-de-chambre, Clémentine Servat, la dément également; celle-ci soutient, avec serment, que c'est au contraire la vieille dame qui l'a envoyée chercher la flanelle. Ces motifs extrinsèques suffisent déjà, comme on le verra plus bas, pour rendre cette circonstance plus que douteuse : elle est d'ailleurs invraisemblable par elle-même.

L'introduction de l'arsenic dans le corps humain par le frottement est si douteuse, si insignifiante, si peu proportionnée à la quantité de poison dont elle exigerait l'emploi, que par cela seul on ne peut supposer que l'accusée, si elle avait réellement l'intention d'empoisonner son mari, ait voulu se servir de ce moyen. Cela devient moins probable encore quand on songe au danger qu'elle courait d'être découverte, surtout de la manière dont la vieille dame Lafarge prétend que les choses se sont passées. Si l'accusée avait en effet fait apporter la flanelle empoisonnée (et empoisonnée avec si peu de précaution qu'il suffisait d'y toucher pour sentir les grains d'arsenic et de la secouer pour l'en faire tomber en quantité), en ce cas, disons-nous, elle aurait au moins fait en sorte d'exécuter les frictions elles-mêmes. Comment d'ailleurs le malade aurait-il pu supporter, sur une partie aussi délicate que l'est la poitrine, le frottement de grains durs comme ceux que décrit la vieille dame? Mais à la seconde analyse chimique, on a reconnu en effet qu'il n'y avait point d'arsenic dans la flanelle. Tout ce récit ne sert donc qu'à prouver la préoccupation passionnée de la vieille dame, et il est du reste tout en faveur de l'accusée.

5° Dans les derniers temps, Lafarge ne regardait plus sa femme qu'avec effroi et répugnance, et ne voulait rien prendre de sa main.

Cette circonstance est incontestable. Une foule d'autres personnes l'attestent aussi, telles que madame Buffières, Servat, le docteur Lespinasse; l'accusée elle-même l'avoue. Mais il faut plus que de la prévention, il faut de la malveillance pour en déduire un soupçon, alors que le pauvre Lafarge, par les pressantes persuasions de sa mère et de sa sœur, se voyait forcé d'émettre une pensée contre laquelle sa conviction intime n'a cessé de lutter.

2° *La déposition de madame Buffières.*

Ce témoin ne sait rien de l'empoisonnement par connaissance personnelle; nous parlerons plus tard de ce qui lui en est revenu par ouï-dire. Du reste, elle ne rapporte qu'une seule circonstance que l'accusation a relevée comme suspecte, savoir: que l'accusée a parlé du testament quand le témoin, déplorant la mort de son frère, s'est écriée: « A quoi me servira maintenant la fortune? »

Quand même on admettrait la vérité de ce fait, il est encore difficile de le rattacher à celui de l'empoisonnement. Il prouve que les deux belles-sœurs ne vivaient pas dans la meilleure intelligence, et que leurs relations avaient dû augmenter d'aigreur par les soupçons affreux que madame Buffières avait exprimés contre l'accusée, soupçons qui n'avaient pu demeurer cachés à celle-ci. Quelle épouse aurait pu, en effet, supporter de sang-froid qu'on la représentât à son mari, dans ses derniers momens, comme son assassin, et que, sous ce prétexte, on l'arrachât d'auprès de lui? Il est vraiment inconcevable que l'accusation, d'accord avec la famille de Lafarge, montre si peu de connaissance du cœur humain dans les motifs de suspicion qu'elle met en avant. Si, après la mort de son mari, madame Lafarge avait témoigné de l'amitié à sa belle-sœur, si elle n'avait *pas* osé parler du testament, on aurait pu voir dans cette conduite une preuve qu'elle se sentait coupable; mais dans la conduite opposée! dans le juste sentiment d'indignation qu'elle montrait!

Le témoin déclare, en outre, avoir entendu dire à sa mère que la femme-de-chambre Clémentine et le domestique Alfred avaient voulu cacher un paquet de poudre blanche. Mais comme la mère elle-même n'en a rien dit, on doit regarder cette circonstance comme une inexactitude, soit de la mère, soit de la fille. D'ailleurs, comment la mère aurait-elle pu voir que, dans le paquet, il se trouvait précisément une poudre *blanche?* Cela ne rappelle-t-il pas le procès Fualdès, où un témoin déclarait qu'il avait *entendu* que, dans la pièce voisine, on versait du *sang* dans un baquet?

D'après l'ordre suivi nous devrions parler à présent de mademoiselle Brun; mais il vaut mieux commencer par la déposition de Denis.

3° *Déposition du commis Denis (Barbier).*

L'achat de 64 grammes d'arsenic par ordre de l'accusée et leur remise dans ses mains sont attestés par l'aveu de l'accusée elle-même. Nous reviendrons sur ce sujet. La seule chose, d'après cela, qui paraisse suspecte dans la déposition de ce témoin, c'est que l'accusée lui aurait donné l'ordre en secret et lui aurait imposé le silence. Denis l'a déclaré sous la foi du serment. Nous verrons bientôt combien son caractère personnel nous semble devoir donner peu de poids à son témoignage. Ici il s'agit surtout d'en montrer l'invraisemblance intrinsèque. Ses déclarations ont été en partie réfutées par les simples questions des jurés. Comment l'accusée, si elle voulait que sa commission demeurât secrète, se serait-elle adressée précisément à lui, qui, comme elle ne pouvait pas l'ignorer, était à plusieurs égards dans la confiance intime de son mari? Il était difficile de placer plus mal son secret. Puis, par quelle raison aurait-elle fait cette fois un secret de l'achat du poison, tandis qu'elle ne l'avait jamais fait auparavant? On trouve dans la déposition de Denis une foule d'autres obscurités suspectes et contradictions manifestes. Ainsi, par exemple, comment pouvait-il, lui qui soupçonnait déjà le fait de l'empoisonnement, au point de ne pas vouloir remettre l'arsenic à l'accusée, comment pouvait-il, disons-nous, acheter 64 grammes de ce poison, tandis que le docteur Bardou jugeait que 4 grammes suffiraient? Il dit qu'il n'en connaissait pas le prix. Lui que la défense a présenté plus tard comme le fourbe et le faussaire le plus effronté! Et s'il n'en savait pas le prix, pourquoi ne s'en informait-il pas, surtout avec l'inquiétude qu'il éprouvait? Ou bien encore pourquoi a-t-il remis le paquet tout entier, les 64 grammes à une personne qui lui était déjà suspecte? Nous dirons plus : pourquoi a-t-il acheté l'arsenic? pourquoi n'est-il pas allé plutôt directement trouver Lafarge ou sa mère pour leur faire part de la commission qu'il avait reçue? Ne l'a-t-il pas fait d'ailleurs spontanément après avoir acheté et remis l'arsenic? Cette circonstance paraît fort suspecte. A la vérité il la nie et soutient qu'il n'a parlé de cet achat que sur les instances réitérées de la famille de Lafarge; mais la vieille dame Lafarge aussi bien que madame Buffières le démentent en assurant qu'il a tout dit sans qu'on l'en pressât; et le commis Magneaux au Glandier, déclare qu'il a raconté de lui-même et volontairement qu'il était allé chercher de l'arsenic. Cette circonstance paraîtra encore plus suspecte, quand on réfléchira qu'il avait acheté l'arsenic dès le 8 janvier et que ce n'est que le 10 au soir (il se trompe en disant d'abord le 11) qu'il l'a remis. Qu'en a-t-il fait dans cet intervalle? La défense a fait une faute en ne cherchant pas à découvrir si le paquet remis par Denis à madame Lafarge contenait effectivement 64 grammes d'arsenic.

4° *Déposition de mademoiselle Brun.*

Cette déposition est sans contredit la plus importante de tout le procès. On ne regardera pas comme un

fait important le désir exprimé par l'accusée de demeurer seule avec son mari, au moment de son retour, et
sa précaution pour éloigner le témoin. Chacun trouvera
fort naturel qu'après une longue absence de son mari,
une femme veuille passer les premières heures avec lui
sans témoins étrangers, surtout quand ce sont des personnes aussi importunes que mademoiselle Brun, ainsi
que nous le verrons tout-à-l'heure. Il n'en sera pas de
même de la poudre blanche que l'accusée aurait versée
dans le lait de poule, dans l'eau panée et dans l'eau
sucrée, boissons qui, à l'analyse, ont été reconnues
pour contenir de l'arsenic, tandis qu'elle aurait eu un
pot tout entier de cette poudre suspecte dans un tiroir
de sa commode. Le grave soupçon que ces circonstances
devraient faire naître si elles étaient vraies ne peut être
nié. Mais il y a un si grand nombre de motifs intrinsè-
ques et extrinsèques pour douter de leur vérité, qu'on
ne saurait réellement pas y attacher la moindre importance. Il faut séparer les deux faits pour les bien éclaircir.

1º Le premier qui se présente est le versement de la
poudre blanche dans le lait de poule.

Mademoiselle Brun prétend qu'elle l'a vu verser; la
vieille dame Lafarge et madame Buffières disent avoir
vu aussi de cette poudre blanche dans la tasse. La déclaration de mademoiselle Brun se trouve par là en
apparence confirmée; mais des contradictions nombreuses qui se rencontrent dans les divers récits, les
rendent mutuellement suspectes, et prouvent que chacun
des témoins s'est efforcé d'orner la chose à sa manièr,

afin d'en faire un motif de suspicion , et que par conséquent chacun d'eux a altéré la vérité. C'est ainsi que selon
la vieille dame Lafarge l'accusée serait venue elle-même
chercher le lait de poule dans la chambre du malade
pour le porter dans la sienne, tandis que selon mademoiselle Brun, l'accusée était encore au lit, et que d'après
madame Buffières, ce n'est pas l'accusée, mais la femme-
de-chambre Clémentine qui est venue prendre le lait de
poule dans la chambre du malade.

D'après la déclaration de madame Buffières aussi bien
que de la vieille dame Lafarge, le motif qui avait fait préparer un nouveau lait de poule, avait été la déclaration
faite par Lafarge lui-même qu'il ne pouvait pas boire
le premier à cause de cette matière blanche qui flot-
tait sur sa surface. Ce fut *pour cela* qu'on lui apporta un autre lait de poule. D'après mademoiselle Brun,
cela se fit aussi parce qu'elle avait déjà fait part à la
mère et à la sœur du mélange de la poudre blanche par
l'accusée. Or, d'après la déposition de madame Buffières, mademoiselle Brun n'aurait fait cette communication que le soir, tandis que c'était le matin que
Lafarge avait demandé le lait de poule. Selon la vieille
dame Lafarge, mademoiselle Brun n'aurait rien dit du
lait de poule, mais seulement de l'eau panée. Le docteur
Lespinasse a déclaré que madame Buffières lui avait
raconté que l'accusée avait porté elle-même le lait de
poule dans la chambre du malade après avoir fait ce
mélange; que mademoiselle Brun l'y avait suivie et
avait raconté le fait à madame Buffières , sur quoi elles

avaient toutes deux jeté dans le feu le lait de poule sur lequel la poudre blanche se trouvait encore.

Mademoiselle Brun est aussi en contradiction avec elle-même. Ainsi, d'après les dépositions du docteur Lespinasse, elle a confirmé l'histoire racontée par madame Buffières. Ainsi encore, d'après l'acte d'accusation elle a dit chez le juge d'instruction qu'au moment où l'accusée avait remué la poudre blanche, la belle-mère était entrée dans la chambre, sur quoi celle-là avait posé précipitamment le lait de poule sur la table de nuit, puis qu'aussitôt que sa belle-mère se fut éloignée, elle avait repris la tasse en main et avait recommencé à remuer la poudre avec le doigt. Devant la Cour, elle ne parla point de cette circonstance, qui était cependant fort importante. Elle ne pouvait pas l'avoir oubliée si elle était vraie, et elle l'aurait bien moins encore cachée avec intention. On ne saurait nier que ces diverses contradictions, et l'on pourrait en citer encore davantage, ne rendent fort suspecte la véracité de mademoiselle Brun.

A cela il faut encore ajouter l'invraisemblance de la chose même. Jusqu'au 11 janvier, personne n'avait rien trouvé de suspect dans la conduite de madame Lafarge; personne n'avait remarqué qu'elle eût mêlé une poudre blanche ou de toute autre couleur, ou une matière quelconque avec les boissons du malade. Donc si avant cette époque elle lui a donné du poison, il fallait qu'elle le lui administrât d'une manière fort prudente, fort adroite. Comment d'après cela l'idée lui serait-elle venue tout-à-coup de préparer les boissons empoisonnées de la façon la plus irréfléchie du monde et cela en présence d'un témoin, personne éminemment curieuse et indiscrète et qui, d'après sa propre déclaration, ne cessait de lui faire les questions les plus impertinentes. Toute la déclaration de mademoiselle Brun sur l'empoisonnement du lait de poule est absolument contraire à la vraisemblance et à la nature. Que l'on se figure seulement une empoisonneuse qui, à trois pas d'un témoin attentif, prête à sortir de son lit, se met à préparer le poison dans le sien, sans même se donner la peine de fermer ses rideaux, afin que ce témoin puisse être bien sûr de son fait; qui lorsque ce témoin lui demande ce qu'elle a mis dans la boisson, lui répond: de la fleur d'orange; afin de se rendre bien suspecte par une mensonge palpable. Il est vrai que de grands criminels se trahissent souvent d'une manière fort maladroite. Mais de la manière que mademoiselle Brun le prétend, les annales des crimes n'en offrent pas d'exemple.

Ces contradictions deviennent encore plus remarquables par la déposition toute contraire de Clémentine Servat. Celle-ci a porté le lait de poule dans la chambre de madame Lafarge, afin que Lafarge crût qu'il venait de sa femme; mais tout de suite après, par l'ordre de l'accusée, elle l'a transporté dans la chambre du malade, où elle l'a placé sur la cheminée. Elle nie que l'accusée y ait répandu quelque chose. Servat est un témoin assermenté aussi bien que mademoiselle Brun. Sa déposition ne renferme point de contradictions, point d'invraisemblance. Pourquoi donc mériterait-elle moins d'être crue que mademoiselle Brun?

2° Les autres récits de mademoiselle Brun sont plus invraisemblables encore. L'accusée aurait selon elle, le même jour, mêlé une poudre blanche dans de l'eau panée destinée à son mari, et lui en aurait donné à boire, sur quoi celui-ci ce serait plaint que cela lui brûlait le gosier.

Cette histoire est absolument telle qu'on devait l'attendre de l'imagination exaltée de mademoiselle Brun. Ce fait se serait passé peu d'heures après l'événement du lait de poule. Il fallait vraiment que l'accusée eût complétement perdu la tête, si, après avoir eu quelques instans auparavant la preuve évidente qu'elle était l'objet de la surveillance active et des questions importunes de mademoiselle Brun, elle avait encore attendu la présence de cette demoiselle pour recommencer ses mélanges empoisonnés, comme si elle eût voulu s'assurer un témoin de son crime. Et puis, quelle masse énorme d'arsenic n'a-t-elle pas dû verser dans ce vase pour qu'il pût produire dans le gosier du malade, le sentiment de brûlure qui lui arracha un cri de douleur! Et pourtant Marie Lafarge, sans se laisser prémunir par les questions de son curieux témoin, saisit précisément encore sa présence pour faire son *troisième* et même son *quatrième* essai d'empoisonnement, d'abord avec une panade et ensuite avec de l'eau sucrée.

Et comme tout cela a été accompagné de circonstances extraordinaires. Écoutez! Au moment de la préparation de l'eau sucrée, les yeux de madame Lafarge s'étaient enfin dessillés et elle avait remarqué que, dans mademoiselle Brun, elle avait un témoin de son crime. Alors, pour écarter les soupçons, elle boit rapidement le poison qu'elle avait préparé elle-même, après y avoir toutefois mêlé beaucoup d'eau, et elle éprouva plus tard de violens vomissemens. Nous avons assisté à beaucoup de procès d'empoisonnement, nous y avons rencontré bien des circonstances qui, sous le rapport psychologique, devaient paraître étranges, frappantes, surtout en ce qu'elles conduisaient à la découverte du crime; mais *jamais* nous n'avons entendu parler d'un cas où l'empoisonneur ait bu lui-même le poison qu'il avait préparé. C'est même une particularité chez les empoisonneurs d'avoir une aversion insurmontable pour la coupe sortie de leurs mains. Mademoiselle Brun a dû sentir elle-même combien son récit était invraisemblable : car elle ne l'a fait d'une manière positive que chez le juge d'instruction ; devant la Cour elle n'a pas osé le répéter avec autant d'assurance, et elle s'est contentée de déclarer qu'elle avait dit la même chose chez le juge d'instruction.

3° Tout ce qui vient d'être dit jusqu'ici n'est pas encore assez. Mademoiselle Brun a vu encore un pot, à la vérité très petit, avec de la poudre blanche, dans le tiroir de la commode.

Il y avait donc un pot tout entier plein d'arsenic : car c'est dans ce tiroir que l'accusée avait pris la poudre blanche qu'elle avait mêlée aux boissons, au point qu'il en est resté une traînée sur la commode ; cette traînée était tout-à-fait semblable au contenu du pot.

S'il était besoin d'une preuve de plus pour justifier notre assertion, que les faits déposés par mademoiselle Brun n'étaient que les fruits de son imagination , cette circonstance suffirait sans doute pour la démontrer. De quelque côté qu'on l'examine, l'invraisemblance en saute aux yeux. La commode était placée dans la chambre du malade, où tous les membres de la famille, tous les habitans de la maison avaient un libre accès ; le tiroir dont il est question n'était pas fermé, ne pouvait pas même se fermer : et c'est là que l'accusée aurait mis un pot tout entier d'arsenic ! C'est le 11 janvier que mademoiselle Brun y vit ce pot, et le 13 il y était encore, car c'est ce jour-là qu'elle montra dans ce tiroir un petit pot au docteur Lespinasse, en l'assurant que c'était le même, et ce médecin déclare qu'en effet mademoiselle Brun lui a montré dans le tiroir un petit pot avec de la poudre blanche. Ainsi donc l'accusée aurait laissé le poison à cette place pendant deux jours entiers ! il y aurait été encore le 13, après que, pour échapper aux soupçons de mademoiselle Brun, elle se fût décidée à boire elle-même le poison qu'elle avait préparé ! après que, de la conduite de la famille tout entière, de l'éloignement que lui témoignait depuis deux jours son mari, elle eût dû comprendre et avait en effet compris qu'un soupçon terrible s'élevait contre elle ! Il faut réellement une crédulité sans exemple pour croire à de pareilles choses. Mademoiselle Brun paraît n'avoir pas

pensé elle-même que la crédulité de la vieille dame Lafarge et de madame Buffières pût aller jusque-là ; car,
tout en leur communiquant ce qu'elle trouvait d'ailleurs
de suspect, elle ne jugea pas nécessaire de leur parler
du petit pot. Du reste, personne n'a vu ce pot, qu'elle
et le docteur Lespinasse, à qui elle le montra un moment, pendant qu'elle était seule avec lui. Personne ne
peut dire ce que ce pot est devenu.

Ce sont là vraiment des circonstances suspectes, mais
qui ne tournent point contre l'accusée : au contraire,
le soupçon qu'elles font naître devient, par sa gravité
même, une décharge, un témoignage favorable à l'accusée, et prouve jusqu'à l'évidence, dans ce drame terrible, l'action d'une main étrangère et inconnue, à
moins toutefois que l'empoisonnement lui-même ne
soit un mensonge. C'est là ce qui nous paraît le plus
vraisemblable. Ce n'est pas que nous pensions que
le docteur Lespinasse ait menti ; mais qui peut
savoir si le génie inventif de mademoiselle Brun
n'a pas produit sur le docteur une illusion qui,
plus tard, a servi de base a des inventions nouvelles !

La circonstance suivante peut contribuer encore à
prouver jusqu'à quel point mademoiselle Brun était inexacte. Le président lui demande si elle a avalé de la poudre
blanche qui était dans le pot. Elle répond : «Je ne le crois
pas, mais je n'en suis pas bien sûre.» Cependant, d'après
les questions du président, il paraîtrait qu'elle a parlé plus
affirmativement chez le juge d'instruction, et alors com-

bien sa réponse n'est-elle pas ridicule! Comment est-il possible qu'elle ne sache pas si elle a goûté d'une substance qu'elle croit être du poison? A la vérité, cette erreur palpable s'explique par la réponse qu'elle fait tout de suite après, quand on lui demande si elle a été malade et qu'elle répond que non. Si elle avait répondu affirmativement à la première question du président, c'eût été une preuve qu'il n'y avait pas de poison dans le pot.

Voici donc que nous avons dû, encore une fois, exprimer un doute sur la déposition de mademoiselle Brun; mais que l'on nous donne, s'il est possible, une explication naturelle, intrinséquement vraie de ses déclarations, et cela, soit que l'on s'attache à chacun des faits signalés par elle en particulier, soit que l'on n'en considère que l'ensemble. Le plus zélé défenseur de la véracité de mademoiselle Brun ne pourra guère nier que, dans tous les faits qu'elle a racontés, il n'y en a pas un seul qui soit vraisemblable, pas un seul qui paraisse vrai à l'entendre. Juge ou non, nul ne peut croire à un pareil témoin, quelque digne de foi qu'elle puisse être d'après les lois positives. On peut, à la vérité, nous objecter que ce que nous opposons à mademoiselle Brun n'est que de la légèreté et non pas la suite d'un mauvais caractère; que cette légèreté peut se produire dans les petites choses, mais que dans les affaires graves, importantes, quand la vie d'une personne est compromise, l'homme le plus léger rentre en lui-même, et frémit à la pensée que sa légèreté peut faire retomber sur sa tête le sang d'une créature humaine. Cette maxime est *souvent* vraie, mais elle n'est pas sans exceptions; car la nature de la légèreté est précisément de ne point connaître de bornes. Beaucoup plus de crimes et de crimes horribles se commettent par légèreté plutôt que par méchanceté. L'homme léger ignore souvent lui-même qu'il agit mal. Il croit faire quelque chose de bon, de juste. Mademoiselle Brun a pu croire dans sa conscience que l'accusée était coupable. Elle a peut-être vu au Glandier beaucoup de choses qui lui ont paru suspectes; puis sa légèreté aura grossi ce qu'elle a vu, en aura altéré les traits, et le crime de madame Lafarge ne sera autre chose que l'impardonnable légèreté de mademoiselle Brun. Nous ne craignons point d'exprimer à ce sujet notre intime conviction.

Si après cela nous faisons remarquer que, sauf mademoiselle Brun, personne n'a vu de la part de l'accusée, un acte, un geste suspect, nous devons cependant faire tout de suite une seule exception, qui, cependant, ne tardera pas à retomber dans le néant. D'après la déposition de la vieille dame Lafarge, rapportée plus haut, celle-ci aurait vu l'accusée, après avoir auparavant fouillé avec vivacité dans sa poche, administrer au malade une potion calmante, la remuer avec une cuiller au fond de laquelle se trouvait une poudre blanche, et plus tard essuyer la cuiller. Mais il suffit de rappeler que cette circonstance, de l'aveu même de la vieille dame Lafarge, est arrivée dans un moment où son imagination était déjà excitée par les récits de mademoiselle Brun. La preuve que cette poudre n'était en effet que de la gomme, ainsi que l'a déclaré l'accusée, qui du reste ne se rappelle pas ce fait particulier, la preuve, disons-nous, que ce n'était pas de l'arsenic, c'est que le malade n'en a éprouvé aucun mauvais effet, ce que la vieille dame Lafarge n'aurait pas manqué de dire si elle en avait observé. Comment l'accusée, si c'eût été réellement du poison qu'elle cherchait dans sa poche, l'eût-elle fait avec tant d'ardeur et d'ostentation ?

Pour mettre dans tout son jour le peu de foi que méritent les dépositions que nous avons rapportées, il nous reste à faire connaître la position et les relations es personnes qui les ont faites.

Nous trouvons d'abord la vieille dame Lafarge et madame de Buffières. Le droit français, comme le nôtre, ne regarde un témoin comme croyable que lorsqu'il a prêté serment devant la justice. A dire vrai, c'est là une sorte de contradiction dans le principe, attendu que les jurés ne doivent juger que d'après la conviction intime qu'a produite en eux et la personne du témoin, et la vérité apparente de sa déposition. Mais la loi existe, et il faut bien que la loi soit fondée sur un motif suffisant, quand même elle violerait le principe qu'elle-même a posé. Or la vieille dame Lafarge n'a point prêté serment. En conséquence, toute sa déposition doit être regardée comme non avenue par les jurés, qui ne peuvent tirer leur conviction que d'actes revêtus de la *légalité* voulue.

Le droit français défend en outre, par le code d'instruction criminelle, art. 322, de recevoir le serment des beaux-frères de l'accusé. Si cela s'est fait, malgré la protestation de l'accusée, la nullité de toute la procédure doit s'en suivre. Ce n'est pas à nous à juger jusqu'à quel point cet article est en opposition avec le principe de l'institution du jury, ou jusqu'à quel point dans l'espèce, l'audition de la vieille dame Lafarge et celle de madame Buffières (cette dernière après avoir prêté serment), audition contre laquelle la défense a protesté, peut entraîner la nullité de la procédure; nous n'examinerons pas non plus si cette nullité a pu être écartée, soit par la mort de Lafarge qui aurait détruit le lien d'affinité, soit par le pouvoir discrétionnaire du président. Nous ferons seulement observer que c'est par une sage prévoyance de la loi que l'influence des dépositions de personnes si intéressées, et selon toutes les apparences si prévenues, ont été écartées. Il faut donc aussi regarder comme nulle la déposition de madame Buffières. Il est presque inutile d'ajouter que la famille de Lafarge s'est portée partie civile dans l'affaire. Nous livrons même au *mépris* qu'il mérite, le fait déclaré par l'huissier Gounet, témoin du reste assermenté et fort croyable, d'après lequel le mari de madame Buffières aurait dit que, pour rétablir les affaires embarrassées de la famille de Lafarge, il fallait faire condamner madame Lafarge, afin de pouvoir demander des dommages-intérêts.

De ces quatre témoins, il n'en reste donc plus que deux.

D'abord mademoiselle Brun, le peintre. Nous avons

dépeint son caractère, d'après ses propres déclarations.
Pour confirmer notre jugement nous devons citer les
faits suivans : après la mort de Lafarge, le docteur Fleignat prit mademoiselle Brun avec lui pour qu'elle peignît ses enfans. Elle était souffrante et se trouva mal
bientôt après son arrivée. Pendant cette syncope, elle
faisait des gestes d'effroi ; elle imitait toujours une personne qui remue le doigt dans une tasse ; elle prononçait des paroles entrecoupées ; elle avait l'air d'être
poursuivie par une pensée effrayante ; elle poussait des
soupirs étouffés, etc. Le docteur Fleignat a cru voir là
de faux semblans. Cela paraît en effet trop peu naturel
pour qu'il en puisse être autrement.

La position que mademoiselle Brun a prise dans cette
affaire est on ne saurait plus conforme à son caractère.
Ainsi que nous l'avons dit plusieurs fois, elle avait fait
le portrait de l'accusée. Quand celle-ci fut renvoyée devant les tribunaux, cette circonstance inspira pour elle
un grand intérêt. Mademoiselle Brun essaya d'en tirer
avantage par la vente de son portrait. Elle fit donc
prier madame Lafarge de lui accorder la permission de
vendre ce portrait, qu'elle avait encore entre les mains,
ou bien de lui envoyer une somme d'argent comme dédommagement. Madame Lafarge lui refusa l'une et l'autre, sur
quoi elle écrivit la lettre suivante à cette femme en prison.

« 24 mars 1840.

« Je suis désolée, madame, que des circonstances bien
malheureuses pour mes parens, et pour moi en parti

'culier, me forcent aujourd'hui de venir vous réitérer une demande que vous avez déjà refusée. Depuis long-temps, madame, plusieurs personnes, désirant sans doute tirer parti de votre portrait et lui donner de la publicité, m'ont offert des sommes considérables pour que je le leur livrasse. J'ai toujours refusé leurs offres, dans la crainte d'aller contre vos intentions et de vous déplaire. Cependant je me verrai contrainte de les accepter, si vous persistez à me refuser la somme que je vous fis demander par M. Denis ; mais ce ne sera toujours qu'avec bien du regret, madame, que je prendrai une telle détermination, lors même que j'y serais forcée. Veuillez donc, je vous prie, me faire part de vos dernières intentions, sans trop tarder, car je ne puis attendre et recevez l'assurance de ma gratitude. »

(*Signé*) « A. Brun.»

« Au château de Flomont 23 mars. — Si vous ne répondez pas, madame, je prendrai votre silence pour un nouveau refus. »

Nous voyons ici à côté de la légèreté que nous avons dépeinte une vraie grossièreté de caractère, qui est si souvent la compagne de la légèreté. La personne qui peut écrire de ce style à une prisonnière, luttant contre une accusation capitale, doit être en vérité bien mal élevée. Et quelle lumière sensible ne jette pas sur l'obscurité de cette affaire et sur la mystérieuse coopération d'une main invisible, la communauté que nous avons cru déjà plus d'une fois remarquer entre deux personnes telles que mademoiselle Brun et Denis.

Il faut que nous examinions ici ce Denis de plus près. Son vrai nom est Jean-Denis Barbier ; celui de Denis n'est qu'un nom de baptême ; il ne l'a pris comme nom de famille qu'afin de pouvoir avec plus de sûreté commettre les actes les plus répréhensibles, en commun avec son défunt maître. La vie tout entière de ce personnage, telle qu'elle a été développée dans ce procès, n'est qu'une suite non interrompue d'actes de ce genre et de mauvaises actions. Il en convient lui-même. A l'époque où nous l'apercevons pour la première fois, il habitait Paris. Il y faisait le commerce de légumes et s'occupait en même temps de faire les affaires des autres. Au mois d'août 1839, il rencontra Lafarge dans un bureau de mariage et s'insinua auprès de lui. Lafarge reconnut que c'était l'homme qu'il lui fallait, celui qu'il pouvait employer et il l'employa en effet sur-le-champ. Lafarge était embarrassé dans ses affaires et ne pouvait s'en tirer qu'au moyen de billets de complaisance. Barbier lui fut à cet égard d'un grand secours ; peut-être même lui en fournit-il la première idée. Lafarge le prit en conséquence à son service ; mais il fallait alors qu'il adoptât le nom de Denis afin de pouvoir continuer ses manœuvres sans être découvert. Il tira donc sur des personnes du même caractère que lui, des lettres de change qui furent endossées par Lafarge. Avant d'arriver à lui, elles passaient par plusieurs mains et acquéraient par là l'apparence de bon papier, bien qu'en réalité les noms qui y figuraient fussent ceux de pauvres diables ou d'insignes fripons. Lafarge les négociait alors, et se procurait ainsi momentanément de l'argent. Ces opérations se prolongèrent assez longtemps; il y eut même à ce sujet une convention en règle, signée par Lafarge et Barbier, en vertu de laquelle, ces deux individus, qui ne se fiaient pas l'un à l'autre, cherchaient réciproquement à se couvrir. Ce Barbier s'est en outre laissé employer par Lafarge à des missions secrètes sur lesquelles il n'a pas osé donner de renseignemens.

Tout cela a été avoué par Denis Barbier, devant la Cour d'assises, comme des choses qui ne lui paraissaient nullement extraordinaires, attendu, dit-il, qu'il y a à Paris des écrivains publics qui font de ces billets de complaisance pour 25 centimes!

Ce fait seul caractérise l'homme, et nous n'avons pas besoin d'ajouter après cela qu'il a été véhémentement soupçonné d'avoir écrit, d'accord avec Lafarge, une fausse lettre signée de Violaine, dans laquelle ce dernier paraissait donner avis à son beau-frère qu'il lui remettrait sous peu une somme de 4,000 francs; et cette lettre leur a servi à se procurer frauduleusement de l'argent. Un homme qui fait les affaires d'un fripon d'une manière si déshonorante, ne mérite certainement pas que l'on ajoute foi aux dépositions qu'il fait devant la justice. En thèse générale, toutes les législations qui contiennent une théorie positive en matière de preuves, refusent toute croyance au témoignage d'un fripon convaincu. A la vérité la législation française n'est pas de ce nombre;

mais il n'en est pas moins dans la nature des choses qu'un fripon n'obtienne pas de croyance devant les tribunaux français. Car la fraude n'est autre chose que la falsification de la vérité, par des mensonges, et un homme qui fait son état de tromper, exerce une profession qui se compose de faussetés et de mensonges.

A la vérité l'avocat général n'a pas voulu, dans l'espèce, reconnaître cette maxime générale, et cela parce que Denis a avoué franchement ses friponneries. Il a été même jusqu'à louer la sincérité de cet homme. Un avocat général! un homme chargé par le gouvernement de protéger le bon droit, de poursuivre l'injustice! Nous nous abstiendrons de toute observation sur son zèle si exagéré pour l'accusation et nous nous contenterons de faire une remarque à laquelle sans doute tous les lecteurs allemands se réuniront, savoir qu'un aveu si franc et si sincère de sa propre honte ne peut provenir que de la plus complète dépravation.

D'après cela, si Denis Barbier paraît déjà en général peu digne de foi, il le sera d'autant moins à l'égard de l'accusée, attendu qu'une foule de témoins ont attesté que, depuis la mort de Lafarge, et même dès avant sa mort, jusqu'au jour du verdict des jurés, il a poursuivi l'accusée d'une haine sauvage, terrible, et qui devient incompréhensible quand on songe que, d'après son propre aveu, cette femme ne lui avait jamais fait de mal, et loin même de le traiter avec orgueil ou fierté, ne s'était jamais montrée envers lui autrement que bonne et affable.

Ainsi le docteur Lespinasse déclare que Denis, qui était venu le 13 janvier le chercher pour visiter Lafarge dans sa maladie, lui avait raconté en chemin, avec les insinuations les plus malveillantes, que madame Lafarge lui avait donné plusieurs fois l'ordre d'acheter du poison; que dans les commencemens il l'avait refusé, etc. C'est ainsi que les témoins Bardou (le domestique), et Montezin disent encore que Denis a raconté partout que madame Lafarge avait nourri pendant quinze jours son mari de poison, et qu'il s'était vanté en même temps d'être alors lui, Denis, maître au Glandier. Ainsi encore le docteur de la Corderie, dépose qu'au mois de février, Denis a raconté à la foire de Pompadour qu'il y avait des gens qui prétendaient qu'il avait aidé madame La-farge à empoisonner son mari, afin de l'épouser, mais qu'il avait une femme qu'il aimait beaucoup. C'est encore ainsi que l'avocat Nassau et le peintre Catrufaut nous disaient que Denis, *pendant les débats des assises,* se trouvant dans la salle des témoins avait débité contre l'accusée les injures les plus grossières, disant qu'elle avait nourri pendant quinze jours son mari de poison, et qu'elle était si méchante que dans le château de son père, elle avait un soir fait lever le pont-levis, dans le seul but de faire noyer un paysan dans le fossé, ce qui était arrivé en effet ! D'après d'autres dépositions, il aurait dit qu'il voudrait voir l'accusée tirée à quatre chevaux, qu'il la ferait monter sur l'échafaud, etc. Il s'était, en général, exprimé avec tant de passion contre l'accusée que les autres témoins lui avaient donné le surnom de *féroce.*

Denis a été confronté avec plusieurs de ces témoins ; il a démenti en face leur déclaration, ce qui ne s'accorde guère avec cette franchise que l'avocat général vantait en lui.

Le résultat des recherches que nous avons faites, *jusqu'à présent*, sur l'empoisonnement du Glandier, est fort simple. Tous les motifs de suspicion élevés contre l'accusée se sont détruits, soit par leur invraisemblance intrinsèque, soit par le caractère des témoins qui les ont attestés.

Mais il reste encore à éclaircir une circonstance qui, par elle-même, est assez grave contre l'accusée, si le soupçon qui en résulte ne peut pas être entièrement écarté, et qui le devient davantage encore, en ce qu'elle peut donner de l'importance à ceux que nous avons désignés comme peu dignes de confiance. C'est pourquoi nous en avons différé jusqu'ici l'examen. Nous voulons parler de l'arsenic, dont madame Lafarge s'est trouvée nantie, et d'une manière si remarquable, précisément à l'époque de l'empoisonnement.

Nous avons essayé plus haut de démontrer qu'il n'y avait rien d'extraordinaire dans l'achat de l'arsenic le 12 décembre, et que, même en admettant l'empoisonnement très douteux de Lafarge à Paris, ce n'était encore qu'une coïncidence singulière que cet achat d'arsenic avec l'empoisonnement. Mais les achats de poison qui ont eu lieu plus tard n'en paraîtront que plus extraordinaires.

Il a été prouvé par des témoignages, et l'accusée elle-même a avoué qu'elle a fait acheter une seconde fois, le 5 janvier, 4 grammes d'arsenic, chez le pharmacien Eyssartier d'Uzerches, sur l'ordonnance du docteur Bardou, et une troisième fois 64 grammes, par le commis Denis Barbier, le 8 janvier, à Brives, après avoir vainement essayé de s'en procurer, de la pharmacie de Lubersac, par le domestique Alfred. Ces circonstances sont, comme nous l'avons dit, très remarquables. L'accusée dit, que cet arsenic, a été par elle en partie employé et en partie destiné à détruire les rats. En ce cas, il doit paraître doublement étrange que l'on ait trouvé au Glandier de la mort-aux-rats dans laquelle il n'y avait point d'arsenic ; et ce qui doit paraître infiniment plus surprenant encore, c'est que le paquet que l'accusée a reçu de Denis, et qu'elle avait remis à sa femme-de-chambre pour le serrer, a été re- trouvé, à la vérité, plus tard, mais sans contenir de poison, et ne renfermant que du bicarbonate de soude, de sorte qu'il a fallu nécessairement que l'arsenic en eût été enle- vé et que cette soude fût mise à la place pour en prendre l'apparence. Où donc est resté tout ce poison ? Qu'en faisait-on pendant que la maladie de Lafarge augmentait toujours de gravité ? Et pourtant, en y bien réfléchissant, nous ne pouvons pas, même dans cette circonstance, trouver un motif sérieux de suspicion. Voici les points qu'il faut considérer.

1° L'achat de l'arsenic du 5 janvier n'offre rien d'extraordinaire. Lafarge lui-même s'était plaint que les rats l'incommodaient, que le bruit qu'ils faisaient l'empêchait de dormir et qu'ils touchaient même à ses boissons. C'est lui-même qui a ordonné leur destruction. En conséquence l'accusée demanda, en sa présence, au docteur Bardou d'écrire au bas de son ordonnance, la demande d'arsenic au pharmacien Eyssartier. Cet arsenic et la potion prescrite furent remis à Lafarge lui-même, et ce fut lui qui le donna au domestique Alfred pour qu'il en fît de la mort-aux-rats. Toutes ces circonstances sont établies, soit par le témoignage de la femme-de-chambre Servat et du domestique Alfred, soit par la déclaration de la vieille dame Lafarge elle-même.

Deux circonstances peuvent encore paraître extra-ordinaires. D'abord que l'accusée ait encore eu besoin d'acheter de l'arsenic, après en avoir eu trois semaines auparavant 31 grammes en sa possession. D'après la déclaration du domestique Alfred elle lui avait donné celui-ci le 13 décembre pour en faire de la mort-aux-rats, et il l'avait employé tout entier à cet usage. Cette pâte avait cependant mal réussi, étant devenue trop ferme et trop sèche. On a d'autant moins de raison de douter de l'exactitude de ce témoignage, qu'il faudrait de graves motifs qui n'existent pas, pour croire que l'accusée ait gardé une partie de cet arsenic pour elle. Car tout motif de suspicion d'où l'on peut inférer un crime, doit être prouvé et ne saurait être supposé d'après le résultat. Or ici le résultat plaide au contraire en faveur de l'innocence. Même d'après l'accusation il ne saurait y avoir ici une cause de soupçon ; car d'après elle, l'accusée aurait employé l'arsenic acheté pour le gâteau envoyé à Paris. D'un autre côté on pourrait trouver singulier que l'accusée ait précisément demandé l'arsenic en présence de son mari et qu'elle ait pris soin que ce poison passât par ses mains. On pourrait regarder cela comme une affectation par laquelle elle cherchait à se mettre au dessus de tout soupçon. Mais cette circonstance ne deviendrait réellement importante qu'en supposant que l'accusée eût entretenu des intelligences criminelles, tant avec le domestique Alfred, à qui elle savait que le décédé remettait l'arsenic pour en faire de la mort-aux-rats, qu'avec Clémentine Servat qui a confirmé le témoignage de ce dernier. Et il n'y a aucune raison de croire à cette intelligence.

C'est ici le moment d'examiner la foi qui peut être due aux dépositions de ces deux derniers témoins. L'avocat-général les représente comme indignes de toute confiance; il ne dit pas à la vérité, mais il donne clairement à entendre, qu'ils ont été complices du crime de l'accusée. Le peu de fondement d'un semblable reproche se déduit déjà de la circonstance que l'avocat-général n'a pas cru devoir les impliquer dans l'accusation, mais les a appelés, au contraire, à son secours comme témoins à charge; car s'il avait cru à leur culpabilité, il était tenu, par le devoir de sa place, de les poursuivre. Au surplus l'examen de leur position, prouvera qu'en effet il n'y avait aucun motif de les soupçonner.

On leur oppose d'abord que c'est l'accusée qui les a amenés avec elle, ou les a fait venir de Paris au Glandier; ce fait est exact. Mais pour que de *cette* circonstance résultât une intelligence criminelle, il faudrait supposer que l'accusée avait formé déjà à Paris le projet d'empoisonner son mari, ou, en d'autres mots, qu'elle ne l'avait épousé que pour l'empoisonner. Quel affreux caractère, quelle perversité inouïe un tel projet ne suppose-t-il pas! Ni Jaeger, ni Marguerite Trimm, ni aucune empoisonneuse connue dans les annales du crime n'a poussé la méchanceté aussi loin. Si cette supposition était vraie, on ne concevrait pas pourquoi l'accusée, en amenant de Paris ses complices, n'en aurait pas en même temps apporté le poison. En ce cas, tous ces achats d'arsenic, dans son voisinage immédiat, devenaient inutiles.

Ce qui rendrait, dit-on, la fille Servat particulièrement suspecte, c'est qu'elle est restée au service de l'accusée, qu'elle a partagé sa prison, et lui est demeurée fidèle jusqu'aux assises. La loi française ne dit pas que de fidèles domestiques soient suspects ou indignes de croyance à cause de leur fidélité; ils le sont encore moins par des motifs généraux; car la fidélité est une preuve d'honnêteté. A la vérité, devant la justice, on déduit de la subordination et de l'attachement que les domestiques sont censés éprouver pour leurs maîtres, une raison générale de penser qu'ils n'aiment pas à déclarer les faits même vrais au détriment de ces maîtres. Mais ici les circonstances particulières de la cause ne permettent pas de s'attacher à cette raison générale, car l'accusée est partout représentée comme une personne prudente et adroite. La conscience de son crime, et surtout une intelligence avec sa femme-de-chambre, devait donc la porter, aussitôt après la mort de son mari, à éloigner la fille Servat d'auprès d'elle, sous un prétexte quelconque, fût-ce même en supposant une querelle. Des cas semblables ne sont pas rares, même chez des personnes bien moins prudentes et d'une classe très inférieure à celle de l'accusée ; tous les criminalistes ont eu occasion d'en observer. La continuation de la présence de la fille Servat au service de l'accusée est donc, au contraire, un témoignage *favorable* à la véracité de la première et à l'innocence de la seconde.

On prétend aussi que la fille Servat aurait reçu des instructions de l'accusée sur ce qu'elle devait dire devant la justice, et que l'accusée se serait plaint de sa bêtise pour n'avoir pas bien retenu sa leçon. Elle aurait même ajouté à cette occasion, qu'Alfred lui avait donné beaucoup moins de peine. C'est ce qu'a déclaré mademoiselle Materre qui se trouvait au Glandier peu de temps après la mort de Lafarge; voici ce qu'elle a déposé : « Madame Lafarge me dit à ce sujet : « Clémen-« tine me met au désespoir, je lui ai déjà fait répéter « trois fois sa déposition. Quant à Alfred, j'en suis « contente; il est plus laconique ». Personne autre ne parle de cette circonstance. Mais comme elle est invraisemblable! L'accusée se serait expliquée en ces termes, devant une tierce personne, sans aucun motif, et aurait pris ainsi l'apparence d'une coupable! Elle aurait parlé ainsi à une parente de cette même famille, qui avait déjà exprimé contre elle le soupçon de l'empoisonnement ; car mademoiselle Materre est cousine germaine de Lafarge, et la vieille dame Lafarge est par conséquent sa tante : si l'on ajoute à cela le peu de croyance que mérite, ainsi que nous l'avons exposé plus haut, cette même famille de Lafarge, si fortement intéressée dans l'affaire, on ne pourra presque plus ajouter foi à cette déposition ; elle disparaîtra même tout-à-fait, quand on la comparera à la déclaration diamétralement opposée de mademoiselle Pouthier. Celle-ci qui est nièce de Lafarge raconte cette circonstance de la manière suivante :

« Madame Marie interrogea Clémentine au sujet de l'arsenic qu'elle lui avait confié, et Clémentine répondait tantôt une chose, tantôt une autre. Sur quoi madame Marie dit : « Clémentine me met au désespoir ; elle ne « peut pas dire deux fois la même chose. »

Cette version est bien différente.

Un troisième et un quatrième motifs de suspicion contre le témoin Materre, pourraient se déduire de la déposition de mademoiselle Brun, rapportée plus haut, d'après laquelle ce serait Clémentine qui aurait rapporté le lait de poule empoisonné par l'accusée, et de celle de la vieille dame Lafarge qui dit que c'est elle qui a apporté la flanelle. Mais l'altération et la fausseté même de ces circonstances ont déjà été suffisamment démontrées.

Quant à la confiance qui est due au domestique Alfred, elle n'a été attaquée que par la déposition de mademoiselle Materre que nous croyons avoir amplement réfutée.

14.

Du reste l'accusation n'a pu rien alléguer de plus contre la fille Servat et le domestique Alfred : car dans toute leur vie précédente elle n'a pu trouver la moindre tache morale. Et il ne faudrait pas les croire! Et en re- vanche il faudrait, selon l'accusation, ajouter une foi implicite à tout ce que profère un Denis Barbier! D'après la législation prussienne, Clémentine et Alfred seraient sans reproche.

L'achat du poison du 5 janvier, pour y revenir après cette digression, ne peut donc, sous aucun rapport, rien offrir de suspect. L'accusation a voulu encore, à la vé- rité, mettre quelque importance à ce que l'accusée au- rait ajouté à la recette du docteur Bardou, un billet adressé au pharmacien Eyssartier, dont le contenu était semblable à celui qu'elle lui avait écrit lors de l'achat de l'arsenic du 12 décembre; pour refuter ce motif de soupçon nous ne pouvons qu'en référer à ce que nous avons déjà dit.

2° Il faut montrer aussi qu'il n'y a rien de suspect dans la manière dont cet arsenic du 5 janvier a été employé.

On peut trouver, à la vérité quelque chose d'étrange dans la circonstance que l'on a trouvé des morceaux de mort-aux-rats dans lesquels il n'y avait point d'arsenic.

Toutefois, lorsque les deux témoins, la femme-de- chambre Servat et le domestique Alfred, d'accord l'un avec l'autre, déclarent que l'arsenic acheté a réellement servi à faire de la mort-aux-rats, ce soupçon doit d'au- tant plus complétement se dissiper, que la cuisinière Combry a déposé aussi qu'Alfred a préparé deux fois de la mort-aux-rats. La circonstance que, dans les morceaux trouvés au Glandier, il n'y ait point eu d'arsenic, n'est autre chose qu'un de ces faits extraordinaires arrivés au Glandier et qu'il n'est pas possible d'expliquer, tel par exemple que cette grande profusion d'arsenic qui s'y trouvait de tous côtés. Et de même que cette dernière circonstance ne pouvait exciter de soupçon contre l'accusée, le manque d'arsenic dans un reste de mort-aux-rats ne doit pas non plus en faire naître.

L'accusation a attaché, à vrai dire, une grande importance à ce fait, et une partie considérable du public a paru d'accord avec elle à cet égard. La plus simple réflexion doit suffire pour prouver que c'est plutôt un motif de défense pour l'accusée : car il était impossible que l'accusée se dissimulât que si l'on trouvait de la mort-aux-rats, faite par son ordre, et dans laquelle il n'y aurait point d'arsenic (et il était fort probable qu'on en trouverait), cette circonstance serait accablante pour elle. Concluons d'après cela qu'elle aurait agi avec imprudence et sottise en n'y mettant pas même quelques grains d'arsenic! Elle ne pouvait peut-être pas s'en procurer? Elle en avait besoin pour empoisonner son mari? Pourquoi, dans ce cas, prodiguait-elle à tel point l'arsenic de toutes parts? Pourquoi en répandait-elle dans sa commode, et Dieu sait où encore? Pourquoi laissait-elle un pot tout entier d'arsenic pendant si longtemps dans un tiroir? Pourquoi, enfin, n'a-t-elle pas fait détruire complétement cette prétendue mort-aux-rats?

3° La circonstance que l'accusée a fait acheter une troisième fois de l'arsenic, le 8 janvier.

Le 8 janvier elle donna ordre à Denis de lui acheter encore une fois de l'arsenic pour détruire les rats. Denis en acheta en effet le 9 à Brives 64 grammes, et il les lui remit le 10 au soir. D'après ce que nous avons remarqué plus haut, si l'on en a acheté une quantité si considérable, ce n'est pas à l'accusée qu'il faut en faire le reproche. Denis n'avait pas reçu l'ordre d'en tant rapporter; on lui avait simplement demandé de l'arsenic pour faire de la mort-aux-rats. Il faut convenir qu'il paraît extraordinaire que trois à quatre jours après le second achat, il ait fallu de nouveau faire entrer du poison dans la maison; car avec 4 grammes d'arsenic on peut déjà faire une assez grande quantité de mort-aux-rats. Mais si l'on réfléchit que, d'après les diverses dépositions, il y avait *beaucoup* de rats au Glandier, que Lafarge, ainsi que le témoignent la fille Servat et Alfred, ce qui est d'ailleurs confirmé par le docteur Bardou, s'était plusieurs fois plaint qu'ils troublaient son repos, il n'est pas invraisemblable que madame Lafarge ait réellement eu besoin d'une nouvelle provision pour détruire les rats. Ce fait perd, d'après cela, beaucoup de ce qu'il offrait d'extraordinaire; et il en perd davantage encore quand on songe non-seulement qu'elle a fait chercher cet arsenic précisément par Denis, personne qui ne jouissait en aucune façon de sa confiance, mais encore, que, d'après le témoignage de la fille Servat, elle le lui avait remis pour que celle-ci le donnât au domestique Alfred, qui déclare l'avoir effectivement reçu. On ne saurait donc trouver dans cet achat un motif sérieux de suspicion.

4° La circonstance que le poison a été acheté en plusieurs lieux différens.

L'achat du 12 décembre et celui du 5 janvier avaient été faits chez Eyssartier à Uzerches. Alfred devait apporter de l'arsenic de chez le pharmacien Tourniol à Lubersac, qui n'avait pas voulu lui en donner; ce fut pour cela que Denis, qui se rendait à Brives, reçut l'ordre d'en prendre. Ceci offre encore à la première vue quelque chose d'étrange. Mais cette apparence se dissipe promptement et complétement quand on réfléchit que les deux achats qui pourraient être considérés comme suspects, n'ayant pas été faits chez M. Eyssartier, furent confiés à des personnes qui ne pouvaient manquer d'en parler immédiatement au Glandier. Et il n'y avait de témoins à craindre qu'au Glandier. Or on a vu combien peu elle craignait cette trahison, et combien peu aussi elle comptait et pouvait compter sur la discrétion de ces deux personnes. Nous savons comment Denis a justifié sa confiance, si jamais elle lui a été accordée. Quant à Alfred, il avait raconté dans tout le voisinage la commission dont il avait été chargé : c'est ce qu'a déposé le scieur de long, Jean Garode. Ce dernier fait sert encore à confirmer ce que nous avons dit plus haut, savoir qu'Alfred n'a pu avoir d'intelligence criminelle avec l'accusée.

5° Une circonstance plus remarquable encore, c'est

que, dans le paquet d'arsenic que Denis prétend avoir rapporté et qui a été remis par l'accusée à la fille Servat puis par celle-ci au domestique Alfred, il ne s'est point trouvé d'arsenic, mais du bicarbonate de soude.

Denis donne à l'accusée l'arsenic qu'il avait rapporté dans un paquet gris. Celle-ci le remet sur-le-champ à la fille Servat pour qu'elle le donne à Alfred qui devait faire de la mort-aux-rats. Alfred le lui rend parce qu'il n'avait pas le temps de s'en occuper pour le moment. L'accusée avait dit à la fille Servat, en lui remettant le paquet d'être fort prudente, parce qu'il pourrait devenir dangereux. En conséquence, pour mieux le cacher, Clémentine le porta dans une autre pièce et le mit dans un vieux chapeau de Lafarge, qui se trouvait là sur un meuble. Le lendemain matin on posa des sangsues au malade et l'on eût besoin d'un peu de feutre pour arrêter le sang. Elle prit alors à la hâte ce chapeau et en coupa un morceau. Elle pense que dans ce moment le paquet sera tombé du chapeau sur le meuble. Ce fut là que le domestique Alfred le trouva le 14 janvier. Il était embarrassé et ne sachant qu'en faire il demanda conseil au domestique Jean Bardou. Dans le premier moment ils voulaient le jeter à l'eau. Mais après y avoir réfléchi ils se décidèrent à l'enterrer dans le jardin. Or, quand le 16 janvier le juge d'instruction arriva au Glandier, ils éprouvèrent des doutes et des inquiétudes au sujet du paquet qu'ils avaient enterré. Ils en firent la déclaration. Le paquet fut exhumé. Le juge d'instruction le joignit aux autres pièces d'accusation qui furent transportées à Brives ; là, examiné par les experts, il se trouva contenir du bicarbonate de soude. et pas un atome d'arsenic.

On ne saurait attacher la moindre importance au soin que la fille Servat et les deux domestiques ont pris pour cacher le paquet. Les motifs qu'ils avaient pour agir ainsi étaient naturels, vraisemblables, et ne sont en contradiction avec aucune autre circonstance connue. On ne peut donc pas en déduire ni une intelligence criminelle avec l'accusée, ni un projet de recel formé d'avance, ni celui de se défaire entièrement de cet arsenic. La manière dont la chose s'est faite prouve d'ailleurs qu'un semblable projet n'a pu exister : si l'accusée avait voulu cacher ou détourner le paquet, les domestiques en auraient sans doute reçu l'ordre précis; la fille Servat ne l'aurait pas laissé dans une chambre ouverte, à laquelle tout le monde avait un libre accès; Alfred l'aurait plutôt brûlé, et bien certainement lui et Jean Bardou n'en auraient pas fait la déclaration au juge d'instruction. Toutes ces circonstances parlent si clairement, qu'elles pourraient au besoin servir au contraire d'indices en faveur de l'accusée et de ces deux domestiques. Mais que dirons-nous de l'échange qui a été fait de l'arsenic contre du bicarbonate de soude? On ne saurait nier que cette circonstance ne paraisse fort suspecte. Le soupçon doit-il en ce cas retomber sur l'accusée ? Bien au contraire, en y réfléchissant mûrement, on verra qu'il lui est plutôt favorable. Quand même on ne voudrait pas admettre que Denis lui-même n'a peut-être

point apporté d'arsenic de la pharmacie, il y a encore
trois cas possibles : Ou celui-ci aurait changé le contenu du paquet avant de le remettre à l'accusée; ou
l'accusée l'aurait changé en le remettant à Clémentine;
ou bien enfin ce contenu a été changé dans l'intervalle
de la saisie à l'analyse chimique, c'est-à-dire, entre le
19 et le 22 janvier. Pourquoi voudrait-on supposer seulement le second cas, quand les probabilités sont toutes
en faveur du premier et du troisième? Nous avons vu
plus haut toute la méchanceté de Denis, la haine qu'il
portait à l'accusée, ainsi que le peu de soin avec lequel
les pièces de conviction furent empaquetées et expédiées
du Glandier à Brives, et avec quelle facilité des échan-
ges pouvaient avoir été faits dans ce dernier lieu. Si
l'on ajoute à cela que l'accusée, après avoir remis le
paquet à Clémentine, ne s'en est plus occupée du tout,
il s'ensuivra nécessairement que l'échange ne peut pas
avoir été fait par *elle*. Car en admettant même que le
sort du paquet lui fût indifférent si elle savait qu'il
contenait de l'arsenic, elle devait en être d'autant plus
en peine du moment où elle savait qu'il s'y trouvait
autre chose. Le soupçon que l'accusation en a effectivement tiré ne pouvait pas, dans toute sa force, lui
demeurer caché; elle devait en comprendre la portée,
et son premier soin devait être d'écarter des preuves si
accablantes pour elle. Au lieu de cela, elle ne s'en occupe
même pas. Ce n'est qu'après la mort de Lafarge, quand
elle apprend que l'on fait peser sur elle le soupçon de
l'avoir empoisonné, qu'elle demande ce que le paquet

est devenu. Le témoin irréprochable, Emma Pouthier, dit à ce sujet :

« Lorsqu'il fut plus tard question de soupçons d'empoisonnement, Marie Cappelle s'adressa avec vivacité à sa femme de chambre : « Clémentine, qu'avez-vous fait « de l'arsenic que je vous ai confié ? » Celle-ci expliqua comment, effrayée de cette commission, elle avait déposé cet arsenic dans un chapeau et dans la chambre de M. Lafarge. Lorsque Clémentine parlait de cette affaire, elle ne se servait jamais du même langage et tantôt elle ajoutait, tantôt elle diminuait. »

Cette déposition prouve du reste aussi que l'accusée n'avait point d'intelligences avec ses deux domestiques.

6° Enfin, ce qui paraît le plus important, c'est qu'immédiatement après l'achat du poison, l'accusée se soit trouvée en possession d'une poudre blanche, qu'elle répandait dans toutes les boissons du malade et que plus tard on a trouvé de l'arsenic dans ces boissons.

Le 10 janvier au soir, l'arsenic lui fut remis par Dénis ; le 11, nous voyons faire tous les mélanges dont mademoiselle Brun a parlé. Ce rapprochement paraîtrait démontrer bien fortement la culpabilité de l'accusée ; mais en nous rappelant ce que nous avons dit plus haut sur les dépositions de mademoiselle Brun et sur le seul fait dont la vieille dame Lafarge ait parlé comme témoin oculaire, il s'ensuivra que ce rapprochement ne signifiera plus rien, puisqu'il n'a réellement pas existé et ne pouvait pas exister. Si les dépositions de mademoiselle Brun n'étaient même qu'à moitié vraies, il faudrait que précisément le 10 janvier l'accusée eût été saisie tout-à-coup d'une aveugle fureur d'empoisonnement. Elle serait tombée subitement dans une monomanie, dont elle n'avait offert jusqu'alors aucune trace, et dont les annales de la justice criminelle ne présentent pas un seul exemple.

Mais la coïncidence de l'achat du poison avec la *déposition de mademoiselle Brun,* n'en est pour cela que plus remarquable. La déclaration unique de la vieille dame Lafarge n'entre pas en considération, car cette dame ne voyait que par les yeux de mademoiselle Brun. Quelle matière à réflexions ne trouve-t-on pas dans les circonstances que nous allons rapprocher ? Denis, homme peu moral animé d'un esprit de persécution passionné contre l'accusée, achète un jour 64 grammes d'arsenic, d'une manière suspecte; il remet à l'accusée un paquet dans lequel plus tard on ne trouva pas d'arsenic; le lendemain, mademoiselle Brun, personne d'un caractère évidemment léger, raconte à la famille du malade, et par son entremise au malade lui-même, que l'accusée jette dans toutes ses boissons une poudre suspecte, qui d'après toutes les apparences ne saurait être que du poison; dans le même temps, cette même poudre blanche se trouve partout dans le voisinage du malade; elle y est même répandue avec une *affectation de publicité* qui n'a jamais pu entrer dans la pensée de l'accusée! Faut-il croire à une liaison secrète entre mademoiselle Brun et Denis, liaison dont la lettre du 24 mars, tendrait à prouver l'existence? La pensée de Denis ne se présente-t-elle pas d'ailleurs sur-le-champ, par suite des dépositions de plusieurs témoins qui ont déclaré lui avoir entendu dire qu'on le soupçonnait de s'être concerté avec madame Lafarge pour empoisonner son mari? Des exemples d'accusation de ce genre ne sont pas rares depuis le temps d'Ibycus assassiné, jusqu'au proverbe français: qui s'excuse s'accuse! Enfin, il est impossible de ne pas songer à cette main cachée, dont nous avons parlé plusieurs fois et qui répandait au Glandier l'arsenic à foison. Mais, dit l'accusation, tout cela ne détruit pas les soupçons contre l'accusée, car précisément à la même époque elle se servait d'une grande quantité de poudre blanche de gomme, au moyen de laquelle elle espérait cacher l'emploi de l'arsenic. Si toutes les autres suppositions et assertions de l'accusation, étaient prouvées, cet emploi simultané de la gomme pourrait être considéré comme un motif de soupçon qui viendrait à l'appui des autres; tandis que pas une seule d'entre elles n'est démontrée; nous avons fait voir au contraire qu'elles sont toutes fausses ou suspectes. D'après cela l'emploi de la gomme, qui n'a rien de suspect en soi, doit le devenir d'autant moins que l'accusée était à cette époque réellement enrhumée, et qu'elle avait toujours coutume de se servir de gomme contre le rhume. Cet emploi est même en contradiction directe avec l'action de verser le poison; car si d'une part on regarde l'accusée comme assez prudente, assez adroite pour vouloir cacher l'emploi du poison par celui de la gomme, on ne peut pas d'une autre part la représenter comme assez sotte et assez imprévoyante pour laisser traîner du poison dans tous les coins, dans les verres, dans les tasses, etc.

Voici le moment d'éclaircir encore un autre motif de soupçon indiqué par l'accusation et qui se rattache aux circonstances dont nous venons de parler. C'est le dernier avant que nous venions à ceux que l'on a tirés des raisons que l'accusée a pu avoir pour commettre le crime.

La nièce de Lafarge, Emma Pouthier, a trouvé de l'arsenic en la possession de l'accusée. Emma Pouthier, âgée de 19 ans, fille d'un médecin des hôpitaux militaires employé à Alger, proche parente de la famille de Lafarge, paraît devant les assises comme une jeune fille pure, simple et tout-à-fait sincère. A la vérité, l'avocat-général a voulu, plus d'une fois, répandre du doute sur sa sincérité, par la raison que mademoiselle Pouthier avait toujours été fort attachée à l'accusée, et n'avait pas même hésité à partager sa prison. L'avocat-général croyait pouvoir conclure de là qu'elle cachait, à plusieurs égards, la vérité, pour favoriser l'accusée. Mais tous les débats devant la Cour d'assises attestent que son maintien, ainsi que ses pensées, n'ont jamais cessé de produire sur le public l'impression d'un caractère réellement franc et sans détour. Cette impression ne s'effaça pas même par l'aveu qu'elle fit, en réponse à une question de l'avocat-général, qu'elle s'était efforcée de détruire les lettres de l'accusée. Cette circonstance devait, en effet, paraître d'autant moins suspecte que, si l'accusée avait voulu se défaire des pièces qui pouvaient la compromettre, elle en avait eu tout le temps avant le 22 janvier, jour où elle fut arrêtée.

D'après ce témoin, tout-à-fait irréprochable, on a trouvé chez l'accusée de l'arsenic dans deux circonstances différentes, dont l'une a été rapportée plus haut dans l'acte d'accusation ; mais, quant à l'autre, il n'en a été question que devant la Cour d'assises. Voici ce qu'elle en dit :

« La veille de la mort de M. Charles, madame Lafarge se déshabillant, j'aperçus dans la poche de son tablier une boîte que je ne lui avais jamais vue. Je demandai à Clémentine ce qu'elle renfermait.—« C'est de « la gomme, me répondit-elle. »—Les propos de la veille, les préoccupations de madame Lafarge mère, les soupçons de mademoiselle Brun, la lettre écrite par Marie Cappelle le jour de son arrivée au Glandier, tout cela me revint à l'esprit, et quoique ma raison se refusât à croire Marie Cappelle coupable, je pris un peu de cette poudre blanche contenue dans la boîte, et je la remis à M. Fleygnat, mon oncle, pour l'examiner ; il me promit de le faire.

« Le lendemain de la mort, j'allai dans l'appartement de madame Lafarge mère. Je portais à madame Lafarge et à madame Buffières des cheveux de M. Lafarge. Je leur dis que j'en avais aussi pour Marie Cappelle, qui, de son côté, m'avait donné une tresse de ses cheveux pour la mettre dans la main de son pauvre Charles. Ces dames me défendirent de le faire. Je m'en étonnai.—« Garde-t'en

« bien, me dirent-elles, c'est elle qui l'a empoisonné!» — Je ne pus le croire. Toutefois, la boîte que j'avais vue la veille me revint à l'idée. Je ne pus me défendre d'un vague soupçon. Je demandai cette boîte à la femme-de-chambre; elle ne me l'apporta qu'un assez long moment après. Je remis cette boîte et ce qu'elle contenait à M. le juge d'instruction. »

Dans un autre interrogatoire sur le même sujet, le témoin dit :

« J'avais quelques idées, je ne dirai pas quelques soupçons, je n'ai jamais cru madame Lafarge coupable; si je l'avais cru, si j'avais pu le croire, malgré toute mon affection pour elle, je l'aurais laissée. Mais je pensai que se voyant accusée d'un crime horrible, avec son imagination ardente, elle s'empoisonnerait si elle avait de l'arsenic. Alors je lui demandai sa petite boîte d'agate noire, et, après qu'on l'eut cherchée un moment, elle me fut remise. Je l'ai rendue à la justice à Brives. »

A d'autres questions encore, elle répond que l'accusée était malade au lit quand Clémentine lui demanda la boîte, cette fille la lui apporta au bout de cinq ou six minutes. Pendant ce temps, le témoin était restée auprès du lit de l'accusée et s'était entretenue avec elle. Elle ne sait pas si Clémentine est sortie de la chambre pour chercher la boîte. Elle croit qu'elle en a parlé à l'accusée elle-même, qui lui a répondu de nouveau que cette boîte contenait de la gomme, qu'elle (le témoin) était une enfant de croire qu'il pût y avoir de l'arsenic. « J'embrassai, continue-t-elle, madame Lafarge, honteuse d'avoir pu entretenir un si horrible soupçon. Je lui demandai alors ce qu'il y avait dans la boîte : elle me répondit que c'était de la gomme et voulut en prendre; je ne le souffris pas et m'emparai de la boîte. »

La fille Servat n'a pas été interrogée de nouveau sur ce sujet. L'accusée a avoué la circonstance de la scène rapportée par Emma Pouthier; mais voici ce que l'on a découvert de plus à cet égard. Emma Pouthier donna la poudre blanche, qu'elle avait d'abord prise, à son oncle Fleygnat; celui-ci l'examina en en brûlant un peu sur des charbons et crut y reconnaître de l'arsenic. Il la remit en conséquence au juge d'instruction. Elle fut plus tard analysée par les experts de Brives, avec les pièces de conviction saisies au Glandier. Ceux-ci, à la vérité, n'y trouvèrent point d'arsenic; mais lorsque les experts de Limoges l'analysèrent pendant les débats, ils en trouvèrent réellement, quoiqu'en petite quantité, mêlé à la gomme en poudre, qui formait son principal contenu.

Emma Pouthier garda, pendant à-peu-près huit jours chez elle, la boîte avec la poudre blanche. Elle finit pourtant par s'inquiéter de cette possession, et, après avoir consulté quelques personnes, elle la remit au juge d'instruction. Cette boîte ne fut examinée que pendant les débats par les experts de Limoges. Ceux-ci y trouvèrent d'une manière incontestable, à l'aide de l'appareil de Marsh, une quantité considérable d'arsenic, mais toujours mêlé avec de la gomme en poudre.

On ne saurait disconvenir que ces faits ne paraissent

aussi, au premier aspect, fort extraordinaires. L'accusée portait sur elle de l'arsenic mêlé à de la gomme en poudre, elle le portait dans son tablier, de sorte qu'elle pouvait, d'un moment à l'autre, y avoir recours sans qu'on s'en aperçût; et dans l'occasion dont la vieille dame Lafarge nous a parlé, elle avait fouillé dans sa poche! Cet indice paraît, en effet, se rapprorter de fort près au crime de l'empoisonnement; mais pour dissiper le soupçon auquel il peut donner lieu, il suffit d'une seule observation : Si l'accusée avait su qu'il se trouvait de l'arsenic dans sa gomme, elle n'aurait jamais donné la boîte à Emma Pouthier. L'avocat-général lui-même s'attendait si peu à apprendre par l'expertise que la boîte contenait de l'arsenic, qu'avant que cela fût constaté, il avait fait observer aux jurés que Clémentine Servat n'avait apporté la boîte qu'au bout de cinq ou six minutes, et que, par conséquent, elle en avait certainement changé le contenu pour y mettre de l'innocente gomme en poudre, et que l'accusée, qui savait bien que mademoiselle Pouthier produirait la boîte en temps et lieu convenables, avait voulu par ce moyen lui mettre dans les mains une preuve de son innocence. Ce motif de suspicion aurait été, en effet, très puissant, puisque la poudre que mademoiselle Pouthier avait d'abord prise dans la boîte contenait réellement de l'arsenic; car mademoiselle Pouthier paraît, sous tous les rapports, une enfant si naturelle, si pleine de franchise, que l'on ne pouvait guère douter qu'elle ne remît fidèlement la boîte aux autorités, comme elle l'a effectivement fait. Par là même raison, on ne saurait penser que l'accusée, en remettant la boîte à mademoiselle Pouthier, ait eu l'intention de faire disparaître complétement un objet qu'elle regardait comme une preuve de son crime; d'autant plus que, si elle l'avait voulu, elle possédait pour cela des moyens en grand nombre et beaucoup plus sûrs. A la vérité, on a prétendu plus tard que l'accusée avait remis, avec intention, le poison à mademoiselle Pouthier, pour en tirer une présomption en faveur de son innocence, jugeant que l'on ne croirait pas, si elle était réellement une empoisonneuse, qu'elle eût consenti à laisser prendre du poison sur elle. Mais nous devons convenir que nous ne voyons aucun motif pour une pareille affectation, et qu'il nous est impossible de regarder cette supposition comme fondée : en effet, cette affectation n'aurait été à sa place que dans le cas où l'accusée aurait auparavant déjà travaillé ostensiblement avec du poison; et il n'en était rien. Plus tard, il est vrai, on a trouvé du poison dans plusieurs boissons, etc., et, d'après la déclaration de mademoiselle Brun, l'accusée y aurait réellement mêlé une poudre blanche; il est encore vrai que, d'après cette même déclaration, il y avait dans la commode une grande quantité de cette poudre blanche que l'on disait être du poison; mais rien ne disait, quand même on ajouterait une foi entière à la déposition de mademoiselle Brun, que l'accusée eût mis de l'affectation à étaler ce poison. Tout au contraire, elle s'y serait toujours prise avec mystère, et plus haut nous avons dû nécessairement arriver à la conclusion que cette affectation à étaler du poison ne pouvait provenir que d'une tierce personne. La possession de l'arsenic contenu dans la boîte ne peut offrir rien de suspect, attendu que l'accusée ne s'en est point cachée. Quant à la manière dont cet arsenic est arrivé en sa possession, c'est là une énigme qu'elle a déclaré ne pouvoir expliquer. Elle avait plusieurs paquets de gomme répandus dans sa chambre ouverte; cette main inconnue, qui jetait partout tant d'arsenic, peut en avoir mis aussi dans cette gomme. Il y a autant de probabilité à penser cela, qu'à penser que l'accusée elle-même l'y ait introduit; il y en a même davantage, car un juge n'a jamais le droit de se décider pour l'invraisemblance *accusatrice*. En mettant tout au pis, il pourrait seulement dire : Cette circonstance n'a point été éclaircie, elle ne parle ni pour la culpabilité ni pour l'innocence.

Examinons maintenant la dernière cause de suspicion, alléguée contre l'accusée.

Elle consiste dans les motifs que l'accusée peut avoir eus pour commettre le crime. On prétend qu'elle en a eu deux : son aversion pour son mari et le désir de s'emparer de sa fortune. Diverses circonstances prouvent, dit-on, l'existence de ces deux motifs. Nous allons les apprécier l'un après l'autre. Mais nous ne serons pas dans la nécessité de nous y arrêter longtemps.

1° Ils sont tous les deux, assure-t-on, déjà contenus dans la lettre du 15 août dont il a été si souvent question.

Nous allons rapporter cette lettre.

« Charles, je viens vous demander pardon à genoux ! je vous ai indignement trompé ; je ne vous aime pas et j'en aime un autre ! Mon Dieu, j'ai tant souffert ! laissez-moi mourir, vous que j'estime de tout mon cœur ; dites-moi : meurs, et je te pardonnerai, et je n'existerai plus demain. Ma tête se brise, viendrez-vous à mon aide ? écoutez-moi, par pitié, écoutez-moi ! Il s'appelle Charles aussi ; il est beau, il est noble, il a été élevé près de moi ; nous nous sommes aimés depuis que nous pouvons aimer. Il y a un an, une autre femme m'enleva son cœur, je crus que j'allais en mourir ; par dépit je voulus me marier. Hélas ! je vous vis ; j'ignorais les mystères du mariage, j'avais tressailli de bonheur en serrant ta main ! Malheureuse ! je crus qu'un baiser sur le front seul te serait dû ; que vous seriez comme un père. Comprenez-vous ce que j'ai souffert dans ces trois jours ? Comprenez-vous que si vous ne me sauvez pas, il faut que je meure ? Tenez, je vais vous avouer tout.... Je vous estime de toute mon âme, mais les habitudes, l'éducation ont mis entre nous une barrière immense. A la place de ces doux mots d'amour, de ces épanchemens du cœur et de l'esprit, rien que les sens qui parlent en vous, qui se révoltent en moi. Et puis, il se repent : je l'ai vu à Orléans, vous dîniez, il était sur un balcon vis-à-vis du mien. Ici même, il est caché à Uzerches ; mais je serai adultère malgré moi, malgré vous, si vous ne me sauvez pas. Charles, que j'offense si terriblement, arrachez-moi à vous et à lui. Ce soir, dites-moi que vous y consentez : ayez-moi deux chevaux, dites le chemin de Brives ; je prendrai le courrier de Bordeaux ; je m'embarquerai pour Smyrne. Je vous laisserai ma fortune : Dieu permettra qu'elle vous prospère, vous le méritez ; moi je vivrai du produit de mon travail ou de mes leçons. Je vous prie de ne laisser jamais soupçonner que j'existe. Si vous le voulez, je jetterai mon manteau dans un de vos précipices, et tout sera fini ; si vous le voulez, je prendrai de l'arsenic, j'en ai, tout sera dit. Vous avez été si bon, que je puis, en vous refusant mon affection, vous donner ma vie. Mais recevoir vos caresses, jamais! Au nom de l'honneur de votre mère, ne me refusez pas ; au nom de Dieu, pardonnez-moi. J'attends votre réponse comme un criminel attend son arrêt. Oh! hélas! si je ne l'aimais pas plus que la vie, j'aurais pu vous aimer à force de vous estimer : comme cela, vos caresses me dégoûtent. Tuez-moi, je le mérite ; et cependant j'espère en vous. Faites passer un papier sous ma porte ce soir, sinon demain je serai morte. Ne vous occupez pas de moi : j'irai à pied jusqu'à Brives, s'il le faut. Restez ici à jamais. Votre mère si tendre, votre sœur si douce, tout cela m'accable ; je me fais horreur à moi-même. Oh! soyez généreux ; sauvez-moi de me donner la mort. A qui me confier, si ce n'est à vous! M'adresserai-je à lui! Jamais. Je ne serai pas à vous, je ne serai pas à lui ; je suis morte pour les affections. Soyez homme : vous ne m'aimez pas encore ; pardonnez-moi. Des chevaux feraient découvrir mes traces; ayez-moi deux sales costumes de vos paysannes. Pardon; que Dieu vous récompense du mal que je vous fais!

« Je n'emporterai que quelques bijoux de mes amies comme souvenir; du reste de ce que j'ai, vous m'enverrez à Smyrne, ce que vous daignerez permettre que je conserve de votre main. Tout est à vous.

« Ne m'accusez pas de fausseté : depuis lundi, depuis l'heure où je sus que je vous serais autre chose qu'une sœur; que mes tantes m'apprirent ce que c'était que de se donner à un homme; je jurai de mourir; je pris du poison en trop petite dose : encore à Orléans, je le vomis hier; le pistolet armé, c'est moi qui le gardai sur ma tempe pendant les cahots, et j'eus peur. Aujourd'hui tout dépend de vous, je ne reculerai plus.

« Sauvez-moi, soyez le bon ange de la pauvre orpheline, ou bien tuez-la, ou dites-lui de se tuer. Ecrivez-moi, car sans votre parole d'honneur, et je crois en vous, sans elle écrite, je n'ouvrirai pas ma porte. »

(Signé) « MARIE. »

Il y aurait beaucoup à dire sur cette lettre. Nous nous contenterons de rappeler comment l'accusée elle-même et le médiateur Chauveron l'ont expliquée. Elle était le produit du désespoir momentané d'une jeune femme, enchaînée à un homme qu'elle ne connaissait pas encore, pour qui il était impossible qu'elle eût déjà de l'amour; sortant de la vie voluptueuse, luxueuse, attrayante de Paris, elle se voyait tout-à-coup transportée dans un désert triste et solitaire et elle perdit la tête. Nous ne prétendons pas excuser les sentimens et les dispositions exprimés dans cette lettre. Il n'y a pas de doute qu'ils ne soient immoraux ; et ils le sont même en admettant la position et la situation d'esprit où se trouvait l'accusée quand elle l'écrivit. Mais nous sommes d'autant plus convaincus que notre jugement obtiendra l'assentiment général quand nous dirons que, produit du désespoir et de l'égarement de la raison et des pensées, cette lettre ne saurait devenir un indice du crime d'empoisonnement dont on charge l'accusée. Pour être un empoisonneur, il faut posséder un caractère rusé, toujours maître de soi, toujours prêt à se déguiser. Celui qui se livre à l'explosion de son désespoir, comme l'a fait l'écrivain de cette lettre, ne saurait posséder un semblable caractère. D'ailleurs, de tout ce qui est dit dans cette lettre, il n'y a rien de vrai. L'accusée n'a point eu d'amant qui lui soit devenu infidèle pour une autre femme ; dans tout le cours de sa vie précédente on n'a pu découvrir qu'un seul attachement pour un jeune étudiant nommé Guyot, et cet attachement n'avait rien de sérieux. La femme-de-chambre Servat et madame Pouthier, qui accompagnaient les mariés pendant leur voyage au Glandier, attestent qu'elle n'a point vu de jeune étranger à Orléans ; il était impossible qu'elle eût revu cet étudiant. Il n'est pas prouvé qu'elle ait eu un pistolet en sa possession ; et moins encore qu'elle fût nantie de poison ; si elle l'avait été, elle n'aurait pas eu besoin d'en acheter plus tard. La lettre tout entière n'est que le tableau d'un désespoir momentané.

Certes, on ne saurait y trouver une apparence d'intérêt, d'avidité, du désir de s'approprier la fortune de son mari; elle veut au contraire lui abandonner la sienne.

Quand plus tard, à l'occasion de cette lettre, Lafarge eut un entretien avec sa femme, on prétend qu'elle lui aurait dit que si elle le voulait, il ne vivrait pas vingt-quatre heures. Mais ce fait n'est nullement prouvé, et quand il le serait, il est sans importance. Que Lafarge ait dit quelque chose de ce genre à sa famille, cela ne démontre rien; et quand cela serait vrai, il ne faudrait pas y attacher plus d'intérêt qu'à la lettre même.

2° L'aversion de l'accusée pour son mari se déduit des deux événemens; celui d'Orléans, pendant le voyage de Paris au Glandier, et celui d'Uzerches, peu de temps après la lettre du 15 août.

Mais, dans ces deux événemens, si on les considère d'un œil non prévenu, on ne saurait méconnaître de la part de Lafarge une certaine grossièreté, qui devait être d'autant plus offensante pour la jeune épouse, qu'elle la comparait à la conduite délicate, prévenante, pleine d'égards, à laquelle elle était accoutumée de la part de la société parisienne. Si la résistance de l'accusée avait été causée par une véritable aversion, elle n'aurait jamais pu, de quelque dissimulation qu'elle fût douée, se livrer plus tard à sa tendresse pour son mari, tendresse qu'elle témoigne dans ses lettres, et qu'a attestée la famille même de Lafarge.

3° Le caractère dissimulé, hypocrite de l'accusée, et en même temps son désir de s'approprier la fortune de son mari se montrent non-seulement dans le changement subit qui s'est opéré en elle après cette lettre, dans la tendresse qu'elle a témoignée tout-à-coup pour son mari et sa famille, mais encore en ce que précisément au moment où son mari venait de lui faire part des brillantes espérances que faisait naître en lui l'obtention de son brevet, elle feignit une maladie, redoubla de tendresse pour lui et, en faisant un testament en sa faveur, le poussa à lui léguer aussi tout son bien dans le cas où il viendrait à mourir.

Quant à ce qui regarde cette dissimulation, cette hypocrisie, quiconque connaît le moins du monde le cœur humain, avouera que cette grande explosion de désespoir devait être naturellement suivie d'un état de calme, de tendre abandon de l'accusée pour son mari. L'honnête Chauveron, tout pédant qu'il était, avait prédit ce changement, la famille de Lafarge s'y était attendue et l'avait désiré. Il est au moins fort remarquable que c'est précisément cette famille qui voudrait en faire un crime à l'accusée. Pour ce qui a rapport à la séduction qui aurait donné lieu au testament, le seul point qui soit prouvé, c'est que les deux époux ont fait en leur faveur un testament mutuel. Cela est si ordinaire dans les classses élevées de la société qu'il est absolument impossible d'en tirer aucune conclusion défavorable à l'accusée. Tout le reste ne repose que sur des suppositions de la vieille dame Lafarge. Il est évident que des suppositions si odieuses ne peuvent jamais acquérir un caractère de certitude et par conséquent servir de fondement à une conviction juridique.

4° Les motifs attribués à l'accusée se déduisent encore de la circonstance que, pendant que son mari était à Paris, elle le pressait dans ses lettres de hâter l'obtention de son brevet, qu'elle lui indiquait les moyens d'y parvenir plus promptement et plus sûrement par le crédit de sa famille à elle, et que c'était précisément au moment où il lui annonçait que son but était atteint, qu'avait lieu l'envoi des gâteaux ou du gateau par lequel devait se jouer le premier acte du drame de l'empoisonnement.

C'est en discutant ce chef d'accusation que l'avocat-général a particulièrement relevé les lettres pleines de tendresse que l'accusée écrivait à son mari, pour en tirer la preuve de l'hypocrisie de son caractère. Y a-t-il rien de plus naturel que lorsqu'un mari a fait part à sa femme de ses projets et de ses espérances, celle-ci s'efforce de l'aider de ses conseils et de l'appui de sa famille? Quelle femme eût agi autrement? Mais que l'envoi du gâteau ait eu lieu précisément au moment où Lafarge annonçait à sa femme qu'il avait obtenu son brevet, c'est ce que l'avocat-général, ainsi que nous l'avons vu plus haut, a été obligé de rétracter lui-même aux débats. La tendresse qui règne dans la lettre de l'accusée à son mari n'est pas moins naturelle que tout le reste. Celles de Lafarge n'étaient pas moins tendres que les siennes, au moment où il lui volait la moitié de sa fortune.

Il faut qu'à cette occasion nous parlions encore d'un autre chef d'accusation sur lequel l'avocat-général n'a pas laissé d'attacher une assez grande importance. Un grave soupçon s'élevait, selon lui, contre l'accusée, parce que, pendant la maladie de son mari, elle se serait montrée froide et insensible, et qu'au lieu de marquer de la tristesse dans ses discours, elle aurait parlé de choses indifférentes ou tout au moins inconvenantes...

Nous ne ferons point remarquer combien ce chef d'accusation est en opposition avec l'hypocrisie et la dissimulation qu'on lui reproche. Comment une femme aussi versée qu'elle dans l'art de dissimuler sa pensée, du moins à ce que prétend l'accusation ; que dis-je ? comment une femme qui aurait la plus légère teinte d'hypocrisie, manquerait-elle d'appliquer son talent précisément dans l'occasion où elle en aurait le plus besoin, pour se montrer au contraire insensible, froide et même frivole ? Nous voulons seulement faire voir qu'il n'y a rien de vrai dans ce reproche. Il se fonde uniquement sur quelques expressions générales de la vieille dame Lafarge et de madame Buffières, sur un récit du docteur Lespinasse. A bien considérer la chose, le témoignage de ce dernier devrait seul avoir quelque poids. On sait qu'il avait été appelé dans la nuit du 13 janvier auprès de Lafarge, alors gravement malade. Après qu'il l'eût vu, l'accusée survint. Voici ce que dépose le docteur :

« Elle fut très gracieuse pour moi et me remercia

avec effusion de l'empressement que j'avais mis à venir au Glandier par une nuit aussi froide. On avait fait un grand feu autour duquel nous nous étions assis, madame Charles, madame Léon Buffières, mademoiselle Brun et moi; nous causions. Elle me questionna sur l'état de son mari. Je lui dis mon opinion sur la gravité de la maladie; mais je n'insistai pas, parce que M. Lafarge étant dans cette chambre, je craignais qu'il n'entendît quelques mots de cette conversation; et puis j'étais embarrassé vis-à-vis de cette dame, parce que l'on avait cherché à faire naître dans mon esprit des soupçons sur son compte. On parla d'autre chose; je lui demandai si elle s'ennuyait au Glandier. Elle me répondit que non, qu'elle ne trouvait pas ce pays désagréable; elle ajouta qu'elle montait souvent à cheval. Sur mes observations que cela n'était pas prudent, par des routes aussi mauvaises que les nôtres, elle me dit qu'elle montait très bien et qu'au surplus elle ne craignait pas la mort. Madame Charles, fatiguée par plusieurs nuits qu'elle avait déjà passées auprès de son mari, alla se mettre au lit, sur les sollicitations de sa belle-mère.»

C'est là tout ce que dit ce témoin. Au fond on ne peut y trouver autre chose que l'aménité d'une femme du bon ton, surtout quand on considère que M. Lespinasse, embarrassé de sa position, en présence d'une personne qu'on lui avait dépeinte comme une empoisonneuse, se sentait lui-même gêné pour soutenir la conversation. Une foule d'autres témoins absolument impartiaux dé-

clarent au contraire avoir remarqué beaucoup d'inquiétude et de tourment dans les manières de l'accusée
pendant la maladie de son mari, et, à sa mort, une
douleur fort vive et fort naturelle. Il est inutile de répéter ici ce qu'ils ont dit.

Quand on veut donner avec certitude ou même avec
vraisemblance les motifs d'un grand et terrible crime,
il ne suffit pas de citer quelques faits isolés, qui pourraient devenir concluans par suite de circonstances for-
tuites. Il faut montrer, dans le caractère de l'accusée,
l'existence des sentimens pervers qui pouvaient faire naître les motifs supposés. Qu'est-ce qui prouve, dans l'espèce, que l'accusée soit de mœurs dissolues ou qu'elle ait
un caractère intéressé? Ceci nous amène à sonder plus
profondément le caractère de madame Lafarge.

D'abord quant au reproche qu'on lui fait d'être légère,
ou même de mœurs dissolues, l'accusation n'a pu réussir
à établir le moindre fait qui le justifiât. Nous avons
parlé plus haut de son amour pour l'étudiant Guyot.
Mais l'avocat-général a senti lui-même que l'on n'en
pouvait tirer aucun argument contre le caractère de
l'accusée, puisqu'il n'en a pas dit un mot pendant les
débats. Nous ne l'avons appris que par les journaux. On
a allégué le vol des diamans pour prouver qu'elle était
intéressée, que son caractère était même essentiellement
dépravé. L'accusée aurait, dit-on, volé les diamans
d'une amie chez qui elle était logée. C'est là, à la vérité,
une bien grave accusation. Ce vol, s'il était prouvé, jet-

terait une teinte si défavorable sur le caractère de l'accusée, que de lui seul on pourrait tirer un soupçon de l'empoisonnement de son mari. Car plus le vol est malheureusement endémique dans les classes inférieures, plus dans la haute société, au contraire, ce délit montre une bassesse, une dépravation de caractère telles que là, un *voleur* peut à juste titre être soupçonné des plus grands crimes. Mais ce vol de diamans n'est pas encore prouvé; l'accusée n'est pas encore condamnée légalement pour ce fait; l'affaire est au contraire renvoyée à une autre instance. Il ne pouvait par conséquent pas en être question pendant le procès d'empoisonnement. La position de madame Lafarge est donc à cet égard comme si le vol n'existait pas. Le juge prussien n'aurait pu y recourir, par des motifs de forme; le juré qui a voulu conserver sa conscience nette n'a pas pu non plus s'en occuper par des motifs moraux. Nous ne nous permettrons pas de juger jusqu'à quel point, en pareille circonstance, il pouvait être permis à la dignité de l'avocat général de faire intervenir, malgré toutes raisons, le procès des diamans dans les débats de la Cour d'assises. En dernier lieu, l'accusation, pour démontrer combien l'accusée était intrigante et hypocrite, a cité une lettre qu'une de ses parentes lui a écrite et dans laquelle on trouve ce qui suit:

« Dans la première lettre que tu m'as écrite, tu m'as fait encore des mensonges, et je n'en ai pas été dupe. Il me faut peu de chose pour me mettre au courant, et maintenant tu me tromperas difficilement. Il y a longtemps que Paul t'a connue, et avec lui je te défends encore comme si tu avais été toujours ce que tu devais être. Je te pardonne, avec la condition que cela n'arrivera plus.»

Ailleurs et dans la même lettre cette parente lui reproche de louer avec affectation certaines choses pour qu'on lui en fasse cadeau. Elle lui dit encore :

« Tu flattes tout le monde ; tu caresses tout le monde ; ce n'est pas de la franchise. Je voudrais que ton esprit te servît à ne pas être fausse, adroite, mais bonne, simple, aimable. Tu es encore ce que tu étais autrefois ; moi qui espérais tant t'avoir changée. Souviens-toi que les personnes à double parole se font aimer d'abord, et ensuite détester quand on les connaît. Au lieu de rêver à beaucoup de choses inutiles, rêve à te corriger. »

Il est certain que cette lettre renferme de grands reproches d'hypocrisie et de perversité. Mais l'accusation elle-même avoue qu'elle est d'une date ancienne et l'on ne dit pas à quelle occasion elle a été écrite. Tant que l'on ne connaîtra ni cette occasion, ni le caractère de la personne de qui elle émane, il est impossible d'y puiser, fût-ce même un doute sur le caractère de l'accusée, attendu que d'un côté l'on ne sait pas si ces reproches étaient fondés sur un fait réel, ou seulement sur la mauvaise humeur d'une vieille femme revêche, mécontente d'elle-même et du monde, et que de l'autre ce témoignage défavorable est absolument isolé. Sous ces divers rapports, on doit remarquer pour refuter, tant ce témoignage que l'assertion de l'accusation, d'après laquelle plusieurs parens de l'accusée auraient attaqué son caractère, on doit remarquer, disons-nous, que non-seulement tous les parens de l'accusée, mais encore une foule de personnages haut placés et distingués, soit dans la vie sociale, soit dans la vie politique ont attesté au contraire que ce caractère était loyal, juste et honnête. Cet éloge est confirmé par des personnes qui l'ont connue depuis son enfance. Aucune d'elles n'a articulé un seul fait, un seul mot d'où l'on pût déduire qu'elle fût hypocrite ou dissimulée. La famille de Lafarge elle-même ne l'a pu faire.

Combien après cela ne doit-il pas paraître extraordinaire que cette femme se soit montrée, dans cette seule histoire d'empoisonnement, une hypocrite achevée et une effrontée criminelle.

Nous pourrions en rester là : car les résultats de notre consciencieuse recherche serait *l'impossibilité de nous sentir convaincus de la culpabilité de madame Lafarge.*

Mais nous devons à nos lecteurs encore quelques observations.

Dans nos recherches ci-dessus nous avons souvent donné à entendre qu'une main tierce avait dû s'immiscer dans l'affaire; que c'était elle qui avait répandu tant de poison au Glandier et qui, si réellement un empoisonnement a été commis, a dû être celle par qui le crime a été perpétré.

Quelle est cette main?

Ainsi que nous l'avons dit, nous ne pouvons à cet

égard donner que des indices. L'accusée n'a pas voulu accuser à son tour; nous ne le devons pas non plus.

Le docteur Fleygnat et le docteur Pouthier, tous deux proches parens et intimes amis du décédé, exprimèrent spontanément, en recevant la nouvelle de sa mort, l'opinion qu'il s'était empoisonné. Cette circonstance a été constatée devant la Cour d'assises. Pour apprécier ce soupçon, il faut jeter un regard sur la situation du défunt. C'était un fourbe. Cela ne peut être nié. On le reconnaît à la déposition de Denis, à la fausse lettre qui avait été écrite en sa faveur, probablement par Denis, au nom de son beau-frère de Violaine. On le reconnaît encore à la déposition assermentée du père de sa première femme, M. Coïnchon de Beaufort, qu'il avait trompé à l'occasion de ce mariage, et à qui il avait dit seulement qu'il fallait bien qu'il trompât quelqu'un et qu'il avait «mieux aimé que ce fût lui qu'un autre», de sorte que, par suite de cette conversation, M. de Beaufort n'avait plus voulu remettre le pied chez son gendre. On le reconnaît enfin en voyant comment il a trompé Marie Cappelle elle-même. Il lui avait annoncé une fortune de 30 à 40,000 francs de rente; il lui avait parlé de ses châteaux et d'une foule d'autres choses, et au fond il ne possédait rien qu'un capital modique dont il devait plus de la moitié.

Indépendamment de cela, à l'époque de sa mort, il se trouvait dans une position de fortune très critique. L'obtention du brevet ne lui avait point procuré un avantage immédiat; elle n'avait fait au contraire qu'augmenter pour le moment ses embarras. Car, ainsi qu'il a été établi dans les débats, ce brevet ne pouvait lui être d'une utilité réelle qu'au moyen d'un capital considérable qui devait servir à mettre sa découverte à exécution. D'où aurait-il pu tirer ce capital, lui qui depuis long-temps ne jouissait plus d'aucun crédit, et qui, pour faire face à ses dépenses courantes, comme pour satisfaire ses créanciers trompés, était obligé d'avoir perpétuellement recours à de nouvelles fourberies? On pourra se faire une idée du mauvais état de ses affaires, quand on saura que, le 3 janvier, il avait apporté de Paris 25,000 fr., empruntés sur le bien de sa femme, et que, d'après la déclaration de son beau-frère Buffières, il avait employé cette somme tout entière à payer d'anciennes dettes. En même temps, marque nouvelle de sa pénurie, il disait à sa mère qu'il n'avait apporté avec lui que 3,900 fr.; à moins que l'on ne veuille admettre que, dans cette occasion, sa mère n'a pas dit la vérité devant la Cour. Il est évident, d'après cela, que Lafarge était alors dans une position désespérée, surtout quand on songe que tout le monde était dans l'attente de la réalisation des magnifiques promesses qu'il fondait sur son brevet, tandis qu'au lieu de pouvoir les effectuer, il était menacé d'un moment à l'autre de voir étalées au grand jour toutes ses manœuvres frauduleuses.

Toutefois, nous ne pouvons admettre qu'il ait commis un suicide. Outre qu'il n'aurait pas pu répandre ainsi partout le poison, il ne se serait pas torturé pendant si longtemps. Quelque dépravé que fût son caractère moral, il n'aurait pas voulu sortir du monde

16.

en laissant la femme, qu'il avait d'ailleurs cruellement trompée, en butte à un soupçon si pénible. Mais il faut absolument que nous revenions encore une fois ici sur le motif que l'avocat-général a prêté à l'accusée. Lafarge avait, depuis le premier moment, trompé sa femme; d'abord en lui parlant d'une fortune brillante qu'il ne possédait pas, puis en prenant 25,000 fr., ou s'il faut en croire la défense 30,000 fr. de sa fortune à elle, avec la presque certitude de ne pouvoir jamais les lui restituer. Et ce serait là l'homme que l'accusée aurait tué par avidité, pour s'emparer de son bien! On dira peut-être qu'elle ne connaissait pas le mauvais état de ses affaires; mais pour cela il faudrait croire Marie Lafarge dépourvue de toute pénétration, de toute connaissance des choses du monde. Peut-être encore dira-t-on tout le contraire : c'est précisément parce qu'elle savait dans quelle situation il se trouvait qu'elle avait une raison de plus de ressentir de l'aversion pour un homme qu'elle haïssait déjà, et pour vouloir s'en débarrasser. En ce cas, pourquoi venait-elle précisément de lui sacrifier 25 à 30,000 fr.? Ce serait là la dernière des nombreuses contradictions dans lesquelles l'accusation est tombée durant le procès.

Faut-il chercher la main inconnue parmi les parens de Lafarge? Il est remarquable que l'accusation a craint un tel reproche et s'était préparée à le combattre avec force. Là, en effet, il n'y a point absence de motifs. Qu'on prenne un seul exemple : Léon Buffières, beau-frère de Lafarge, connaissait bien certainement la situation de ce dernier, car lui seul a pu donner des renseignemens sur l'emploi des 25,000 fr. Il était par conséquent instruit aussi des premières fourberies et du danger de les voir découvertes; il comprenait facilement encore que, dans le premier moment, le brevet ne ferait qu'augmenter les embarras. Il était naturel d'ailleurs de penser que la mort de Lafarge pouvait seule sauver sa famille de l'ignominie, et lui permettre de profiter des avantages du brevet. De cette manière s'expliquerait aussi l'étrange circonstance de la révocation du premier testament de Lafarge en faveur de sa femme, et le nouveau testament qu'il avait fait en faveur de sa mère et de sa sœur madame Buffières. Ce changement n'a pu avoir lieu que sur les pressantes instances de sa famille, qui y avait un intérêt tout particulier et ne supportant point la publicité, tandis que Lafarge donnait dans cette occasion une preuve nouvelle de sa fausseté, dans le mystère dont il avait enveloppé, à l'égard de sa femme, toute cette transaction. De cette manière on expliquerait encore l'action de la vieille dame Lafarge qui le lendemain de la mort de son fils, pendant que son corps était encore chaud, brisait la serrure du secrétaire de sa bru, pour s'emparer du testament fait en sa faveur et des autres papiers qu'il contenait, circonstance attestée par le témoin Pouthier, et que la vieille dame Lafarge elle-même n'a pas niée. On n'a pu découvrir si la mère et la sœur agirent dans cette occasion de leur propre mouvement, ou si elles ne furent que d'aveugles instrumens des desseins d'autrui.

On nous objecte que nous nous permettons ici, sans aucune preuve, sur de vaines suppositions et de simples possibilités, d'indignes soupçons contre une honorable famille. Mais, à l'exception de quelques dépositions évidemment inexactes, a-t-on allégué contre Marie Cappelle autre chose que de simples possibilités et de vaines suppositions? Les motifs qu'on lui a attribués ont-ils des fondemens plus réels? en ont-ils même d'aussi spécieux? Si Denis et mademoiselle Brun avaient dit contre Léon Buffières et sa femme les mêmes choses qu'ils ont débitées contre Marie Cappelle, n'aurait-on pas pu les renvoyer devant les tribunaux avec autant de raison qu'on l'a fait pour Marie Cappelle?

Malgré tout cela, nous croyons devoir déclarer que nous n'accusons pas la famille de Lafarge, et que nous avons seulement raconté un des nombreux mystères qui planent sur ce procès.

Mademoiselle Brun serait-elle par hasard cette invisible main? Non! il n'est pas possible qu'elle soit une empoisonneuse. Il n'existait pour elle aucun intérêt quelconque à ce crime.

Mais n'aurait-elle pas pris part à cet éparpillement du poison? Il est du moins étrange que le poison ne se soit trouvé en si grande profusion que dans les seuls endroits où elle était, et que personne autre qu'elle n'ait vu mêler du poison avec les boissons. A cela, il faut ajouter son caractère, qui nous a paru à-la-fois romanesque, inconsidéré et même grossier. Que serait-ce si, devinant que Lafarge était empoisonné, et pour compléter la tragédie dont elle ne découvrait pas les ressorts secrets, elle avait répandu partout de l'arsenic? Que serait-ce si, n'ayant fait cela que parce qu'elle croyait que Lafarge avait été empoisonné, il se trouvait en définitive que Lafarge n'avait jamais été empoisonné? et en effet, nous n'avons aucune certitude à ce sujet. Il n'était pas difficile de se procurer en secret du poison... Mais nous ne voulons pas l'accuser elle non plus.

Et Denis enfin?.... Il nous est impossible de nous défendre d'une sensation pénible toutes les fois que l'image de ce Denis Barbier se présente à nous.

La défense l'a présenté comme un homme faux, dépravé et qui ose se vanter de sa dépravation. Il avait aidé Lafarge à commettre ses fourberies; peut-être même l'y avait-il excité. Si celui-ci était découvert, Denis partageait son sort. Il était arrivé à Paris quelques jours avant l'envoi du gâteau; il y était en secret. Au Glandier même, on ne savait pas qu'il fût à Paris. Lafarge n'osait pas le dire. Ses manœuvres ne couraient donc aucun risque d'être découvertes. Et que faisait-il à Paris? Dans quel but y était-il venu? Personne n'a pu percer ce mystère. La supposition d'un crime pourrait être fort naturelle quand il s'agit d'un pareil homme. Ne pouvait-il donc pas avoir de l'intérêt à écarter un des témoins de sa coupable conduite? Et le seul témoin qu'il eût intérêt à écarter, n'était-il pas ce même Lafarge, qui l'avait fait venir en secret à Paris? N'a-t-il pas pu apporter le poison, au moment même de l'envoi du gâteau? Ne pouvait-il pas l'introduire dans ce gâteau même? La lettre qui annonçait l'envoi du gâteau y était arrivée avant la caisse. Lafarge voyait Denis qui a pu apprendre de son maître la prochaine arrivée du gâteau. Plus tard lorsque Lafarge est allé chercher le gâteau, la caisse avait été déjà ouverte. Que l'on ajoute à cela la preuve que nous avons donnée plus haut, d'après laquelle il était *impossible* que l'accusée eût envoyé le gâteau empoisonné. Que l'on y ajoute encore cette exclamation de Denis, attestée par des témoins, dans laquelle il disait avec une joie grossière et fanfaronne : « Maintenant je serai le maître ici! » Ce même Denis était retourné au Glandier trois jours avant son maître. Il y était pendant tout le temps de l'empoisonnement. Il a eu du poison en sa possession, dans les circonstances les plus suspectes, et il s'est embarrassé à ce sujet dans des mensonges palpables. Il a remis à l'accusée un paquet qui s'est trouvé plus tard ne *point* contenir de poison. Il a eu continuellement un libre accès auprès du malade. Il dirigeait par des discours pleins de méchanceté, par des mensonges évidens le soupçon de l'empoisonnement contre l'accusée. Il cherchait sans aucun motif à se justifier, disant lorsqu'on ne le lui demandait pas, qu'il n'était *point* l'empoisonneur!

Nous ne voulons pas accuser Denis non plus; mais nous dirons cependant que nous aurions trouvé de la part de l'avocat général, une accusation contre lui beaucoup plus fondée que contre madame Lafarge.

Encore une question : Et si toutes les personnes que nous avons nommées, ou plusieurs d'entre elles, avaient travaillé ensemble, dans un accord tacite ou positif, dans des intérêts opposés ou communs, empoisonnant réellement ou se bornant à exciter le soupçon d'empoisonnement contre l'accusée?

Nous concluons :

Nous avons sous les yeux un fait d'empoisonnement qui est demeuré dans une complète incertitude.

Il est impossible de prouver que Lafarge soit mort empoisonné.

Il existe des soupçons ; mais ils sont d'une part si éloignés et de l'autre si mal établis, qu'on ne saurait fonder sur eux une condamnation.

Nous avons en outre des preuves complétement insuffisantes en ce qui regarde les personnes. Là même il n'y a que des soupçons, et ces soupçons ne se fondent que sur les dépositions de deux personnes dont le caractère nous a paru peu moral, et la véracité au moins douteuse, et d'une parente prévenue absolument indigne de croyance. En revanche, nous possédons un grand nombre de conjectures favorables à l'accusée.

Enfin nous avons des motifs de soupçon, dont quelques-uns sont très graves contre d'autres personnes.

Dans ces circonstances un acquittement absolu devait nécessairement s'ensuivre, faute de preuves.

Un acquittement provisoire n'eût même pas été justifié par la législation prussienne : car il eût laissé subsister contre l'accusée une prévention que l'instruction n'a point confirmée.

A la vérité, les jurés de Tulle ont jugé. Puissent-ils

ne se faire aucun reproche en descendant au fond de
leur conscience, qui déjà s'est exprimée par l'admission
de circonstances atténuantes. Les jurés représentent le
peuple tout entier, qui seul possède le droit de juger. Mais
les spectateurs des assises de Tulle faisaient aussi partie
du peuple. Ceux-ci n'ont cessé de donner des marques
de leur foi à l'innocence de l'accusée; nous n'avons pas
trouvé dans les journaux une seule exclamation qui
pût donner à penser qu'ils la regardaient comme coupable. Ils ont pourtant vu et entendu les mêmes choses
que les jurés. D'où a pu venir cette opposition si complète entre les uns et les autres? Qu'est-ce qui a pu produire une telle impression sur les douze jurés seulement?

Puisse le temps éclaircir le mystère qui, après le
jugement, obscurcit encore le crime et les procédures
auxquelles il a donné lieu!

FIN.